George Curtisius

# Friedenslösung
## für
## Ukraine und Irak/Syrien!

# Konflikt-Gefahren
## durch
## Wirtschaftsflüchtlinge und Islam?

George Curtisius

Bibliografische     Information     der     Deutschen
Nationalbibliothek

Die   Deutsche   Nationalbibliothek   verzeichnet   diese
Publikation in der deutschen Nationalbibliografie; detaillierte
bibliografische Daten sind im Internet über http://dnb.d-nb.de
abrufbar.

Copyright © 2014 George Curtisius, Autor

Herstellung und Verlag:

BoD – Books on Demand, Norderstedt

ISBN: 9783734745966

# Widmung

Ich widme diese Broschüre allen Menschen, die Frieden im eigenen Land, im Zusammenleben mit Anhängern des Islam und mit Einwanderern haben wollen.

Ich widme diese Broschüre auch den Lesern von Online-Artikeln, die in ihren Kommentaren in ähnlicher oder gleicher Weise wie ich die Politik kritisiert haben. Auf die unerträgliche Propaganda der Medien für die Regierung und ihre Meinungsmanipulation bin ich hier nicht eingegangen. Das habe ich ausführlich in meinem Buch: „Diktatur des Kapitals – Vision eines modernen Sozialismus" beschrieben.

Meiner lieben Frau danke ich für Ihre Anregungen zum Titel, zu einzelnen Themen und für die Durchsicht des Manuskripts.

# Inhaltsverzeichnis

# Vorwort

Ich schreibe diese Broschüre unter einem Pseudonym. Der Grund hierfür ist, dass ich meine Ansichten nicht mit Kritikern diskutieren will. Wem meine Ansichten nicht gefallen, möge sich als Diskussions-Gegner Leser meiner Abhandlung suchen, die meine Ansichten teilen. Unter diesen Lesern werden sich bestimmt Anhänger meiner Thesen finden, die bereit sind, diese öffentlich zu diskutieren.

Mit dieser Broschüre möchte ich die Leser und insbesondere die Politiker für mehr Realpolitik sensibilisieren. Viele Konflikte in der Welt werden von Politikern verursacht, weil sie vielfach künstlich gezogene Landesgrenzen für unveränderlich halten.

Sie ignorieren, dass unterschiedliche Ethnien mit ihrer speziellen Kultur und z.T. unterschiedlicher Sprache sowie Volksgruppen mit unterschiedlicher Religion die Menschen trennen. Da hat es in der Vergangenheit Unterdrückung gegeben. Hass ist entstanden, wenn Menschen getötet wurden. Zurückgeblieben sind meist unauflösbare Feindbilder.

Trotz der entstandenen und vorhandenen Konflikte träumen Politiker davon, dass jahrelang oder jahrzehntelang verfeindete Volksgruppen friedlich zusammenleben müssen. Aber jeder Konflikt hindert Gemeinschaften, sich wirtschaftlich gut zu entwickeln.

Meine Broschüre will die Politiker aufrufen, ihre Denkblockaden aufzugeben. Die Politiker werden ermahnt, Frieden zu schaffen, anstelle vorhandene Konflikte auf der Basis von Rechthabenwollen zu verfestigen.

Die Politiker werden aber auch ermahnt, ihre Einwanderungspolitik zu überdenken. Sie dürfen nicht die nachteiligen Folgen ihrer Politik für die einheimische Bevölkerung ignorieren. Sie sollten in den Migranten nicht nur zusätzliche Konsumenten für ihre Wirtschaft sehen. Nicht zu vergessen ist, dass der Konsum der Migranten aus Steuermitteln

George Curtisius

bezahlt wird. Auch bei der Einwanderung ist das Aufeinandertreffen unterschiedlicher Kulturen und unterschiedlicher Religionen zu berücksichtigen.

Ich gehöre keiner Partei an und bin ein unpolitischer Mensch. Aber ich möchte Entwicklungen in unserem Staat kritisieren dürfen, ohne als rechtsextrem oder als „braune Suppe" oder als fremdenfeindlich oder als rassistisch diffamiert zu werden.

Es muss in unserem Staat möglich sein, die Einwanderung von zu vielen Fremden für falsch zu halten. Es muss respektiert werden, dass Bürger/innen die Sorge haben, dass die Einwanderung zu vieler Fremder eine Quelle möglicher Konflikte ist und mehr Kriminalität zur Folge hat. Wie können sich Migranten z.B. ihre Vorstellung von Wohlstand erfüllen, wenn sie nur Empfänger von Sozialleistungen gemäß Hartz IV sind? Bleibt ihnen dann nur die Möglichkeit, mit dem Verkauf von Drogen besser zu leben? Oder können sie sich mit Prostitution und Mädchenhandel ein besseres Leben verschaffen?

Diese Broschüre ist eine Beschreibung von einigen unerfreulichen Zuständen. Sie liefert auch Vorschläge für die Lösung von Problemen.

# Die Konflikte in Osteuropa

Zurzeit bestehen in Osteuropa eine Reihe von Konflikten. Der Konflikt zwischen den Separations-Bestrebungen des Donbass in der Ost-Ukraine von der restlichen Ukraine belastet nicht nur die in diesen Regionen lebenden Menschen, sondern auch die EU. Die von der EU gegen Russland verhängten Sanktionen belasten die Menschen in Russland, aber auch die Unternehmen in der EU mit Folgen für die Arbeitnehmer in EU-Unternehmen.

Ein weiterer Konflikt ist darin zu sehen, dass sich die Provinzen Abchasien und Südossetien von Georgien abgetrennt haben.

Armenien und Aserbeidschan streiten sich um die mehrheitlich von Armeniern bewohnte Enklave Bergkarabach auf dem Territorium von Aserbeidschan.

In Moldawien hat sich die Region Transnistrien abgespalten.

Der Kosovo hat sich von Serbien getrennt und für unabhängig erklärt. Aber etwa 200.000 Serben leben noch auf dem vom Kosovo beanspruchten Gebiet und wollen zu Serbien. Gewalt zwischen Serben und Kosovo-Albanern wird durch die Nato-Truppe KFOR verhindert.

In Bosnien-Herzegowina wurden drei Volksgruppen, die Bosnier, die Kroaten und die Serben zu einem künstlichen Staat zusammengefasst, Die Bosnier sind überwiegend muslimisch, die Kroaten sind überwiegend römisch-katholisch. Die Serben gehören überwiegend der serbisch-orthodoxen Kirche an. Der Staat besteht aus zwei autonomen Regionen. Die serbische Bevölkerung hat ihre autonome Region und die Bosnier und Kroaten sind in einer anderen Autonomie zusammengefasst. Das Büro des Hohen Repräsentanten für Bosnien und Herzegowina soll im Auftrag der UN für Frieden im Land sorgen. Wie kann man solch eine krumme Staatskonstruktion gutheißen? Die

George Curtisius

Serben als Feinde der Bosniaken im Jugoslawien-Krieg werden
wenn immer möglich den Staat politisch blockieren. Warum
gliedert man die autonome Region der Serben per Referendum
nicht an die Republik Serbien an?

# Die territoriale Integrität als Denkfalle

Die Ursache von Konflikten ist das eindimensionale Denken, zusammen mit Rechthaberei, von Ministern der jeweiligen Regierungen. Im eindimensionalen Denken und der Rechthaberei werden sie von gleichgesinnten Politikern unterstützt. Es ist ihre Rechthaberei, sich im Konfliktfall auf vielfach von Großmächten künstlich gezogene Grenzen zu berufen. Meistens fordern sie auch die Beachtung internationaler Abkommen, Erklärungen, Memoranden usw. zur territorialen Integrität.

Wer auf Rechthaberei beharrt, kann nicht zu neuen Denkweisen oder einer anderen Sichtweise finden. Er findet auch keine Lösung für Probleme.

Die Ursache von Konflikten, des Unfriedens und sogar von Kriegen sind die Politiker in einzelnen Ländern, die über die Köpfe der von ihnen regierten Menschen hinweg handeln. Es sind Politiker, die den Willen und das Selbstbestimmungsrecht ihrer Bürger nicht beachten, aus rein politischen und strategischen Erwägungen. Auf dieser politischen Ebene sind Konflikte nicht zu lösen. Da kann es keinen Frieden geben. Und so verhindern auch die Politiker benachbarter Länder den Frieden, indem sie diese Politik gutheißen, die das Selbstbestimmungsrecht der Bürger missachtet.

Die Politiker in den Regierungen haben einen Eid geleistet, ihrem Volk keinen Schaden zuzufügen. Wenn ihre Politik auf der politischen Ebene nur aus Rechthabenwollen besteht, fügen sie den Bürgern jedoch Schaden zu. Sie sind verantwortlich für den daraus entstehenden Unfrieden, für entstandene Konflikte.

Um Konflikte friedlich zu lösen, brauchen wir eine neue Sichtweise. Von Albert Einstein stammt die Erkenntnis, dass sich Probleme nicht auf derselben Ebene lösen lassen. Auf der Basis des Falschen mehr davon zu machen, führt nicht zur Lösung des Problems.

Einstein erkannte, dass Probleme nur von der nächsthöheren Ebene zu lösen sind. Wenn Politiker die Konflikte in Osteuropa und im Nahen Osten lösen wollen, müssen sie eine Ebene höher steigen! Sie müssen höher steigen, als auf der Ebene der territorialen Integrität mit Rechthaberei zu verharren.

Das Beharren auf dem Konstrukt der territorialen Integrität ist derzeit ein Verhinderer des Friedens.

Territoriale Integrität soll Staaten gegen den Angriff von Nachbarstaat schützen. Dem Staat sollen keine Gebiete weggenommen oder streitig gemacht werden. Es geht um Unverletzlichkeit des Territoriums, der Fläche bzw. des Gebiets eines Landes und seiner politischen Unabhängigkeit, seiner staatlichen Autorität.

Früher, als alle Menschen mehr oder weniger gleich arm waren, war die Eroberung von Land wichtig. Einem Eroberer ging es darum, landwirtschaftliche Flächen zu gewinnen. Mit mehr Land, das landwirtschaftlich genutzt werden konnte, waren Erträge verbunden. Es war eine Vorsorge gegen Hunger. Ein kleiner Reichtum konnte ebenfalls erzielt werden.

Hitlers Krieg gegen die Länder Osteuropas basierte auf der Vorstellung dass das deutsche Volk zusätzlichen Raum im Osten brauche. Die zwei Weltkriege führten dazu, dass Deutschland etwa ein Drittel seiner früheren Fläche verlor. Mit rd. 81 Millionen Einwohnern in 2014 im Vergleich zu 65 Millionen Einwohnern in 1910 wohnen jetzt 24 Prozent mehr Einwohner auf der kleineren Fläche. Aber Deutschland ist heute auf kleinerer Fläche um vieles reicher als Anfang des 20. Jahrhunderts. Die vorstehenden Zahlen stammen übrigens von Wikipedia.

Länder mit weit überwiegender Erzeugung von landwirtschaftlichen Produkten sind vergleichsweise arm im Verhältnis zu Industriestaaten. Heute ist eine starke Industrialisierung ein wichtiger Garant für den Wohlstand der Bürger, ergänzt durch einen starken Dienstleistungssektor. Die

Landwirtschaft ist von untergeordneter Bedeutung. Die Unterschiede zwischen reichen und armen Ländern, als Pro-Kopf-Einkommen, sind heute um ein Vielfaches größer als vor 100 bis 200 Jahren.

In Europa wird kein Land ein anderes Land angreifen, um landwirtschaftliche Flächen zu gewinnen, auch nicht um Rohstoffe für sich zu gewinnen.

Wie früher in Groß-Jugoslawien Bürger verschiedener Ethnien und Sprachen eher zwangsweise zusammengefasst wurden, war es auch im Sowjetreich. Bei der späteren Auflösung der Union der Sozialistischen Sowjetrepubliken (UdSSR) führte das zu Problemen.

Genau genommen wurde die territoriale Integrität der UdSSR verletzt, als sich verschiedene frühere Sowjetrepubliken für unabhängig erklärten. Die westlichen Staaten haben diese Verletzung der territorialen Integrität der UdSSR für rechtmäßig gehalten. Es entsprach ihrem politischen Interesse, Russland zu schwächen.

Bei den meisten Konflikten in Osteuropa, die zurzeit bestehen, wird die territoriale Integrität der Staaten, die sich von der früheren UdSSR abgespalten haben, nicht bedroht. Die Bedrohung kam aus dem Inneren. Ist sie rechtmäßig, wie die vorherige Abspaltung von der UdSSR?

Von Georgien haben sich die Provinzen Abchasien (240.000 Einwohner) und Südossetien (72.000 Einwohner) abgespalten. Die Bewohner russischer Sprache und abchasischer Sprache fühlten sich offenbar von der Regierung von Georgien unterdrückt.

Abchasien hat Wikipedia zufolge ein wechselhaftes Schicksal erlitten. Im Juni 1918 besetzte Georgien mit Hilfe der Truppen des deutschen Kaiserreichs Abchasien. Georgien verletzte die territoriale Integrität von Abchasien.

George Curtisius

1921 wurde Abchasien zu einer eigenständigen Sowjetrepublik. Weil diese Republik die Kollektivierung der Landwirtschaft nicht im Sinne von Josef Stalin vorantrieb, machte er Abchasien in 1931 zur Autonomen Republik innerhalb der georgischen Unionsrepublik. Das Selbstbestimmungsrecht der Menschen wurde missachtet. Die territoriale Integrität von Abchasien wurde verletzt.

1992 erklärte sich Abchasien für unabhängig von Georgien, nachdem die Abchasier als Minderheit von der georgischen Regierung unterdrückt worden waren. Die Abchasen haben eine eigene Sprache und ein von der georgischen Schrift abweichendes kyrillisches Alphabet.

In Wikipedia ist zu lesen, dass von 1918 bis 1920 im Georgisch-Südossetischen Konflikt die Selbstverwaltungsregion Südossetien von Georgien erobert wurde. Georgien verletzte also die territoriale Integrität Südossetiens. Georgien soll an den Südosseten Völkermord begangen haben.

In Wikipedia ist weiter zu lesen, dass Georgien 1921 von der Sowjetunion annektiert wurde. 1922 wurde Südossetien von der Sowjetunion zu einem Teil von Georgien gemacht. Die Bewohner Südossetiens wurden nicht gefragt, ob sie damit einverstanden sind. Es gab keine Volksabstimmung der Südosseten für die Zugehörigkeit zu Georgien. Haben Russlands Kritiker das bedacht?

Nach der Auflösung der UdSSR beschlossen die Südosseten mehrmals in Referenden ihre Unabhängigkeit von Georgien. Das Ergebnis dieser Referenden wurde von Georgien nicht anerkannt. Es kam mehrmals zu militärischen Kämpfen zwischen Georgien und Südossetien. In Südossetien war aufgrund einer Vereinbarung zwischen Russland und Georgien eine russische Friedenstruppe stationiert, um die Kampfparteien zu trennen. In einem erneuten Angriff auf Südossetien soll Georgien sogar Streubomben gegen die Bevölkerung eingesetzt haben. Mitglieder der russischen Friedenstruppe sollen vom Militär Georgiens getötet worden sein.

Die 550.000 Bewohner von Transnistrien wollten nach dem Zerfall der Sowjetunion nicht mehr von der Regierung Moldawiens vertreten sein. Sie spalteten sich 1990-1992 von Moldawien ab. Sie erklärten ihre Unabhängigkeit.

In der Ukraine wollen die Einwohner im Donbass der Ostukraine nicht mit der West-Ukraine in Richtung der EU gehen. Die etwa 6,5 Millionen Bewohner haben in zwei Referenden sich für die Unabhängigkeit von der Ukraine entschieden.

In allen vorstehenden Fällen ist die territoriale Integrität nicht von Außen, nicht von Nachbarstaaten bedroht. Volksgruppen haben sich aus ethnischen und/oder sprachlichen oder kulturellen Gründen für eine Scheidung von ihrem bisherigen Staat entschieden. Sie machen nur von ihrem Selbstbestimmungsrecht Gebrauch.

Die Abspaltung von ihrem bisherigen Staatsgebilde ist zu vergleichen mit der Scheidung einer Ehe. Mit einer Scheidung wird im übertragenen Sinne die „territoriale Integrität der Ehe" verletzt, wenn es so etwas überhaupt gibt. Eine Ehescheidung ist unabhängig von der christlichen Lehre nach weltlichem und somit politischem Recht nach einer Bedenkzeit jederzeit möglich. Die Ehescheidung kann und darf politisch nicht verhindert werden.

Bei einer Ehescheidung wird das beiden Ehepartnern gehörende Vermögen aufgeteilt. Eine Ehescheidung ist letztlich ein wirtschaftlicher Vorgang. Die Ehescheidung mit Vermögenstrennung wird vom Scheidungsrichter verfügt und ist von beiden Partnern zu akzeptieren.

Die Scheidungsabsichten von Volksgruppen in einzelnen Ländern sollten daher nicht politisch beurteilt werden, wenn Volksabstimmungen die Abspaltung rechtfertigen. Wie bei einer Ehescheidung sollten Vereinbarungen über die wirtschaftlichen Auswirkungen solch einer Trennung getroffen werden.

George Curtisius

Ein Staat besteht aus den in diesem Staatsgebilde lebenden Menschen, seinen Einwohnern. Die wahlberechtigten Einwohner wählen ihre Regierung aufgrund ihres Selbstbestimmungsrechts. In gleicher Weise können Volksgruppen, die sich ethnisch und sprachlich von den anderen Volksgruppen getrennt fühlen, von ihrem Selbstbestimmungsrecht Gebrauch machen. Sie können eine „Scheidung" verlangen, wenn sie sich von anderen Volksgruppen unterdrückt oder missachtet fühlen. Eine Scheidung kommt auch infrage, wenn eine Volksgruppe aus kulturellen, ethnischen, sprachlichen, religiösen oder sonstigen Gründen nicht den Weg der Mehrheit der Bevölkerung mitgehen will.

In einer Ehe kann man einen Partner, der die Scheidung will, nicht zwingen, auf die Scheidung zu verzichten und die Ehe zwangsweise fortzusetzen. Gleiches gilt für eine Volksgruppe in einem Staat, welche die Scheidung will, als Abspaltung vom bisherigen Staat.

Zwingt die Mehrheit eines Volks mit Waffengewalt die Minderheit, im bisherigen Staat zu verbleiben, verursacht das einen Konflikt. Ist auch die Minderheit bewaffnet, so kommt es zu einem Bürgerkrieg mit vielen Toten und Verletzten und zu sonstigen Schäden. Auch die Infrastruktur und Gebäude werden meist zerstört. Am Ende steht ein „frozen conflict", wenn die Rückeroberung durch die Mehrheit nicht gelingt.

Ein „frozen conflict" bindet auf beiden Seiten Personal und finanzielle Mittel. Beide Seiten haben Ausgaben für Personal, für Waffen und für anderes Material. Das verursacht Wohlstandsverluste.

Wenn in einer Ehe ein Partner den anderen Partner „schlägt", vielleicht sogar verletzt, ist eine Heilung des Konflikts meist nicht mehr möglich. Eine Scheidung ist unvermeidbar. Das ist vergleichbar mit einer Situation, in der eine Partei auf die andere Partei mit Waffen schießt und Mitglieder der anderen Partei tötet.

Gelingt die Niederwerfung einer Minderheit mit Waffengewalt, so dass diese zwangsweise im Staat ihrer „Unterdrücker" verbleiben muss, so stehen diese dem Staat mit Hass gegenüber. Was kann ein Staat von den Bürgern erwarten, die ihm mit Hass und Abscheu begegnen?

# Friedenslösung für die Ukraine und Ostukraine

Zu den Stellungnahmen der Politiker zum Ukraine-Konflikt hat meine Frau ein einfaches Bild vor Augen. Die Politiker erinnern sie an ein Rudel von Hunden, die sich in einer Arena um einen abgenagten Knochen balgen. Dabei fühlen sie sich voll im Recht.

Im Dezember 2014 hatten 60 frühere Politiker und Prominente mit ihrem Appell „Wieder Krieg in Europa?" gefordert, das Verhältnis zu Russland zu verbessern. Zu den Initiatoren des Aufrufs gehörten der frühere Kanzlerberater Horst Teltschik (CDU), der ehemalige Verteidigungsstaatssekretär Walther Stützle (SPD) und die frühere Bundestagsvizepräsidentin Antje Vollmer (Grüne). Auch frühere Regierungschefs der Bundesländer hatten unterschrieben sowie der frühere Bundespräsident Roman Herzog.

Die Unterzeichner des Aufrufs hatten damit einen noch nicht abgenagten Knochen den Politikern in der Arena hingeworfen. Doch diese Politiker bestanden darauf, sich weiter um den abgenagten Knochen zu balgen. Sie lehnten aus Rechthaberei jede neue Sichtweise des Konflikts ab.

Die Bevölkerung der Ukraine ist seit Jahren gespalten in einen Teil, der zur EU neigt und einen anderen Teil, der zu Russland neigt. Es gab die orangene Revolution, mit der die Bevölkerung unzufrieden wurde. Sie wählte erneut und der

Russland zuneigende Teil der Wähler errang die Mehrheit unter dem dann gewählten Präsidenten Janukowytsch. Die Ukraine war zu diesem Zeitpunkt eigentlich schon bankrott. Sie verhandelte mit dem IWF über die Gewährung von Beistandskrediten.

Die USA sowie die EU als Helfer der USA waren seit Jahren bestrebt, Russland einzuengen, Russland politisch und strategisch zu schwächen. Sie betrieben tatsächlich eine Expansion gegen Russland, auch wenn es jetzt bestritten wird.

Russland bot der Ukraine an, sich an der von Russland geplanten Freihandelszone „Eurasia" zu beteiligen. Das wollten die USA und die EU verhindern. Die EU bot nun der Ukraine den Abschluss eines Assoziationsvertrags an. Dieser Vertrag würde der Ukraine den Zugang zur großen Freihandelszone der gesamten EU ermöglichen. Präsident Janukowytsch schien erst dem Vertragsabschluss zuzuneigen. Doch dann lehnte er ab. Die EU setzte daraufhin die Ukraine unter Druck, den Assoziationsvertrag mit ihr abzuschließen.

Als sich Präsident Janukowytsch weiterhin weigerte, ereignete sich der Majdan-Putsch. Man kann sich an den fünf Fingern einer Hand abzählen, wer bei dem Putsch seine Hände im Spiel hatte, wer vermutlich den Putsch organisiert und finanziert hat.

Auf undemokratische Weise und mit Gewalt verjagten Hunderttausend Demonstranten den gewählten Präsidenten, angeblich wegen Korruption. Dabei ist wohl unstrittig, dass die Ukraine seit ihrer Unabhängigkeit in 1991 von korrupten Politikern und Oligarchen bzw. Kleptokraten ausgeplündert wird. So hieß es mal in Artikeln in der Wirtschaftswoche, u.a. in WiWo vom 06.12.2014 („Southstream - Lieber mit Putin").

Die USA und die EU sahen sich am Ziel ihrer strategischen Planung. Sie sahen sich als Sieger. Mit einem Anschluss der Ukraine an die EU würden die USA und die EU die Kontrolle über den Hafen der russischen Schwarzmehrflotte auf der Krim erlangen. Sie könnten eine Verlängerung des Vertrags über die

Stationierung der russischen Schwarzmeerflotte auf der Krim ablehnen. Russland hätte dann keinen Hafen für ihre Schwarzmeerflotte mehr. Diese Rechnung von USA und EU ging am Ende nicht auf.

Der Putsch auf dem Majdan spaltete das Land und destabilisierte die Ukraine. Die Menschen in der Ostukraine waren mit diesem Putsch nicht einverstanden. Damit hatten die USA und die EU, aber auch die Regierung in Kiew, nicht gerechnet.

Die Bewohner der Krim, die seit langem mit der Regierung in Kiew unzufrieden waren, machten eine Volksabstimmung. Mehr als 90 Prozent der Bürger votierten für eine Unabhängigkeit der Krim von der Ukraine. Anschließend entschied sich das Parlament der autonomen Region Krim für die Unabhängigkeit und für den Anschluss an Russland. Das russische Parlament nahm den Wunsch der Krim auf Beitritt zu Russland an.

Die Ukraine protestierte gegen den Anschluss der Krim an Russland, weil die territoriale Integrität der Ukraine verletzt worden sei. Auch die westlichen Länder verurteilten die Verletzung der territorialen Integrität der Ukraine. Die USA und die EU waren nun keine Sieger mehr in dem Poker um strategische Expansion. Sie waren die Verlierer. Die Krim mit dem Hafen der russischen Schwarzmeerflotte war für alle Zeiten an Russland verloren. Nach dem Anschluss der Krim an Russland hatte die EU nur noch die bettelarme Ukraine am Hals.

Jetzt muss die EU sogar noch die bettelarme und von korrupten Politikern ausgeplünderte Ukraine finanziell unterstützen. Vermutlich wird die Ukraine wie Griechenland zum Fass ohne Boden für die EU. Diese verfehlte Politik der EU-Regierungen ist zum Schaden ihrer Steuerzahler.

In Bezug auf die Krim sollte auch die Historie betrachtet werden. Seit 1783 gehörte die Krim zu Russland. Sewastopol auf der Krim wurde zum Stützpunkt für die Schwarzmeer-Flotte Russlands ausgebaut.

Auf Beschluss des sowjetischen Zentralkomitees (ZK) der KPdSU unter Leitung von Generalsekretär Chruschtschow wurde die Krim 1954 an die Ukrainische Sozialistische Sowjetrepublik angegliedert. Eigentlich wurde mit dieser Loslösung der Krim die territoriale Integrität von Russland verletzt! Es gab keine Volksabstimmung der russischen Bewohner der Krim, ob sie nun Bürger der Ukraine sein wollten. Ihr Selbstbestimmungsrecht wurde verletzt. Das ignorieren westliche Politiker!!!

Das ZK der KPdSU hätte ganz sicher nicht der Eingliederung der Krim in die Ukraine zugestimmt, wenn es hätte davon ausgehen müssen, dass eines Tages die Ukraine nicht mehr zum Sowjetimperium gehören könnte. Das ZK unter Chruschtschow hatte daher eindeutig unter falschen Annahmen die Eingliederung der Krim in die Ukraine beschlossen.

Mit einem Referendum in 1991 erklärte die Ukraine ihre Unabhängigkeit von der früheren Sowjetunion. Streng genommen verletzte sie mit dieser Entscheidung die territoriale Integrität der in Auflösung befindlichen Sowjetunion.

Als Teil ihres Wertesystems preisen die USA und die EU das Selbstbestimmungsrecht der Menschen an. Das Selbstbestimmungsrecht der Menschen akzeptieren die Regierungen der USA und der EU-Länder jedoch nur gemäß ihrem strategischen Kalkül. Sie akzeptierten, dass sich die Bewohner des Kosovo per Referendum von Serbien trennen. Sie akzeptierten, dass die territoriale Integrität Serbiens verletzt wurde. Im Fall der Ukraine, für die Krim und das Donbass, gilt das seltsamerweise nicht mehr. Wie glaubwürdig sind die USA und die EU noch?

Nach der Loslösung der Krim von der Ukraine wollten auch die Menschen in der Ostukraine ihre Unabhängigkeit von der Ukraine.

Die Regierung der Sowjetunion hatte vor sehr vielen Jahren russische Fachkräfte und Arbeiter mit dem Versprechen höherer Einkommen veranlasst, in die Ost-Ukraine zu gehen. Offenbar hatten sie damals das wirtschaftliche Zentrum der Schwerindustrie in der Ukraine aufgebaut. Die meisten Bewohner der Ostukraine sprechen deshalb russisch und pflegen die russischen Werte und Traditionen.

Nach dem Putsch auf dem Majdan schloss die neu formierte Regierung der Ukraine den Assoziationsvertrag mit der EU ab. Sie erklärte die Absicht der Ukraine, Mitglied der EU werden zu wollen. Damit waren die russisch-sprachigen Bürger der Ostukraine nicht einverstanden. Die Bewohner wollten nicht das dekadente Wertesystem der EU übernehmen, wo Moral und Ethik kaum noch niedriger fallen können. Sie wollten weiterhin ihre russischen Werte und Traditionen leben.

Russland versuchte zu vermitteln. Präsident Putin schlug vor, den Provinzen der Ukraine mehr Selbständigkeit zu geben. Insbesondere sollte die Ostukraine eine größere Autonomie erhalten. Damit sollte den russisch-sprachigen Bürgern der Verbleib in der Ukraine erleichtert werden. Dieser Vorschlag Russlands stieß in Kiew und in der EU auf taube Ohren.

Die Menschen in den Oblasten (Provinzen) Luhansk und Donezk erklärten nach einer Volksabstimmung in dieser Region ihre Unabhängigkeit. Sie wurden daraufhin als terroristische Separatisten betrachtet. Die Ukraine setzte ihr Militär gegen die Separatisten ein. Die Gebiete der Separatisten wurden von der Armee mit Granaten beschossen und mit Bomben belegt, auch mit verbotenen Streubomben beschossen.

Politiker der USA und der EU billigten das Töten von Separatisten und Zivilisten, von Frauen und Kindern, zumindest durch ihr Stillschweigen.

Die Separatisten baten daraufhin Russland um Hilfe.

Meines Wissens gab es einen Friedensvorschlag. Er sah vor, dass die Ostukraine eine weitgehende Autonomie erhalten sollte mit eigenem Parlament. Dazu gehörte die Verpflichtung, dass sich die Ostukraine drei Jahre lang nicht von der Ukraine trennt. Die Regierung hätte damit die Möglichkeit gehabt, die Bewohner der Ostukraine, speziell des Donbass, von den Vorteilen eines Anschlusses an die EU zu überzeugen. Nach Ablauf von drei Jahren sollten die Bewohner des Donbass frei entscheiden können, ob sie unabhängig werden wollen. Dieser Friedensvorschlag hatte keine Chance. Die Regierung in Kiew bestand auf ihrem vermeintlichen Recht, das Donbass zurückzuerobern.

Bisher wurden durch die Kämpfe der Konfliktparteien mehr als 4.600 Menschen getötet, etwa 10.000 Menschen verletzt. Durch den Beschuss von Luhansk und Donezk mit Granaten wurden viele Gebäude, Straßen, Brücken, Eisenbahnlinien und Industriebetriebe zerstört bzw. beschädigt.

Stromversorgung und Wasserversorgung sind nicht mehr oder nur teilweise im Betrieb. Kohlenminen sind durch fehlenden Strom für Pumpen mit Wasser vollgelaufen und zerstört. Die noch nicht geflüchteten Bewohner des Donbass frieren und hungern. Kiew zahlt den Rentnern keine Renten mehr.

Auch wenn Präsident Janukowytsch sich mehrere Hundert Millionen US-Dollar oder Griwna angeeignet haben sollte, so sind die nach seiner Amtsenthebung der Wirtschaft entstandenen Schäden in unvorstellbarer Weise höher. Der Kurs der Währung ist um die Hälfte gesunken. Die Inflation erreicht inzwischen 20 Prozent. Der militärische Einsatz gegen die Separatisten hat viel Geld gekostet.

Der größte Fehler, den die Regierung in Kiew machen konnte, war ihr Militär und ihre freiwilligen Milizen auf die Bewohner des Donbass schießen zu lassen, sie zu töten. Ein weiterer Fehler war, riesige Zerstörungen im Donbass anzurichten. Damit hat sie die Scheidung des Donbass von der restlichen Ukraine besiegelt. Es gibt nun keine Chance mehr, dass die Bewohner des Donbass Teil der Ukraine sein wollen.

Die bisher schon vollzogene Abtrennung des Donbass ist nicht mehr rückgängig zu machen.

Von den USA und der EU wurden gegen Russland Sanktionen verhängt. Es handelt sich hier um einen Wirtschaftskrieg gegen Russland. Russland sollte mit diesem Wirtschaftskrieg gezwungen werden, seine Unterstützung der prorussischen Separatisten aufzugeben. Das Ziel wurde nicht erreicht. Für etwas weitsichtigere Politiker im Westen war klar, dass mit Sanktionen das Ziel nicht zu erreichen war. Sanktionen würden auf beiden Seiten Schaden anrichten. Aber Putin würde die prorussische Minderheit im Donbass nicht im Stich lassen können.

## Wie könnte jetzt eine Friedenslösung aussehen?

Die Vorgehensweise müsste ähnlich einer Ehescheidung sein. Die räumliche Abtrennung des Donbass von der Ukraine ist zu akzeptieren. Das Donbass mit den Städten Luhansk und Donezk erhält die Unabhängigkeit. Sie wird von der Ukraine, der EU und von den USA anerkannt.

Es muss über die wirtschaftlichen Folgen verhandelt werden.

Denkbar wäre folgende Lösung. Russland reduziert den Gaspreis für die Ukraine für die nächsten 10 Jahre um 15 Prozent. Die EU zahlt eine Milliarde EUR an den neuen Staat im Donbass zum Wiederaufbau der von der Ukraine zerstörten Anlagen. Russland beteiligt sich mit weiteren finanziellen Mitteln am Wiederaufbau im Donbass.

Die Familien von getöteten Zivilisten im Donbass sollten jeweils Entschädigung im Wert von 20.000 € erhalten. Die verletzten Zivilisten sowie gefolterte Personen erhalten jeweils Entschädigung im Wert von 10.000 €. Die Oligarchen im Donbass sollten 15 Prozent ihres Reichtums, verteilt auf 10

Jahre, als eine Art Lastenausgleich für die geschädigten Hausbesitzer und Inhaber kleiner Geschäfte im Donbass zahlen.

Für den Verlust der Krim enthält die Ukraine keine Entschädigung. Die Krim hatte der Ukraine nie rechtmäßig zugestanden. Sie hatte für Kiew hohe Subventionen erfordert für den Lebensunterhalt der Bürger auf der Krim. Ohne die Krim ist die Ukraine finanziell besser gestellt.

Eventuell könnte sich Russland bereit erklären, einer Ukraine, die weder der Nato noch der EU angehört, für 10 Jahre zu erlauben, den Flottenstützpunkt auf der Krim auch für die ukrainische Marine zu nutzen.

Die Sanktionen von USA, EU und anderen Staaten gegen Russland sind aufzuheben. Ebenso sind von Russland Sanktionen gegen die USA und die EU aufzuheben.

# Friedenslösung für Georgien und abtrünnige Provinzen

In Abchasien und in Südossetien leben Volksgruppen, die ethnisch nicht zu Georgien passen. Sie wollen mit Georgien nichts zu tun haben. Auch hier liegt eine Scheidung vor. Diese Scheidungsabsicht muss von Georgien anerkannt werden. Bezogen auf die rd. 4.5 Millionen Einwohner in Georgien sind die 240.000 Abchasen und die 72.000 Südosseten wirtschaftlich unbedeutend. Ihre Abspaltung dürfte keinen wirtschaftlichen Ausgleich rechtfertigen. Aufzurechnen wären sonst auch die Verluste, die den abtrünnigen Provinzen durch kriegerische Aktionen der georgischen Regierung entstanden sind.

Es ist ein Gebot der Klugheit, derart unbedeutende Konflikte zu beenden.

Abchasien und Südossetien sollte von Georgien die Unabhängigkeit zugestanden werden. Ohne Beendigung dieser Konflikte hat Georgien keine Chance jemals Mitglied der Nato oder sogar der EU zu werden.

Die Regierungen in der EU sollten Georgien auffordern, Abchasien und Südossetien die Unabhängigkeit zu gewähren. Was diese Staaten dann mit ihrer Unabhängigkeit anfangen, sollte ihnen überlassen werden.

## Friedenslösung für Moldawien und Transnistrien

Bereits im Verlauf der Auflösung der Sowjetunion in 1990 bis 1992 hatte sich Transnistrien von Moldawien abgespalten. Seit dieser Zeit existiert ein „frozen conflict". Hier liegt eindeutig eine Scheidung vor. Laut Wikipedia stimmten die Bürger von Transnistrien 2006 in einem Referendum mit übergroßer Mehrheit für die Unabhängigkeit von Moldawien und für einen Beitritt zu Russland.

Hier liegt ebenfalls eine Scheidung vor. Man kann die 550.000 Bürger Transnistriens nicht zu einer Wiedervereinigung mit Moldawien zwingen. Auf beiden Seiten der Konfliktparteien steht Militär in Bereitschaft. Bei einem Friedensvertrag können die Zahl der unproduktiven Militärs und die Ausgaben für das Militär deutlich reduziert werden.

Moldawien sollte daher unter Vermittlung der EU die Unabhängigkeit von Transnistrien anerkennen. Es sollte ein Friedensvertrag abgeschlossen werden. Wenn über einen wirtschaftlichen Ausgleich zu verhandeln ist, sollten die Schäden berücksichtigt werden, die das Militär von Moldawien Transnistrien zugefügt hat.

# Friedenslösung für Serbien und den Kosovo

Der Kosovo gehörte ursprünglich zur föderativen Bundesrepublik Jugoslawien. Nach 2003 war es eine Teilregion der Republik Serbien. So ist in Wikipedia zu lesen. Die Bewohner des Kosovo praktizieren den Islam als Religion. Die Serben gehören mehrheitlich der serbisch-orthodoxen Kirche an, sind also Christen.

Der Kosovo-Krieg von 1999 hatte schließlich dazu geführt, dass sich der Kosovo 2008 für unabhängig von Serbien erklärte. Das Selbstbestimmungsrecht der Kosovo-Albaner wurde anerkannt. Die Verletzung der territorialen Integrität Serbiens wurde akzeptiert.

Es gibt aber weiterhin Konflikte zwischen den im Norden des Kosovo lebenden Serben und den Kosovo-Albanern. Sie können nicht einmal durch die Nato-Truppe KFOR verhindert werden. Der Streit ist die Folge von Unterdrückung in der Vergangenheit. Früher hatte Serbien die Kosovo-Albaner unterdrückt. Nun unterdrücken die Kosovaren die in ihrem Hoheitsgebiet lebende Minderheit der Serben. Durch kriegerische Aktionen, bei denen Menschen getötet wurden, ist Hass entstanden. Dieser Hass und die schon viel früher entstandenen Feindbilder aufgrund unterschiedlicher Ethnien und unterschiedlicher Religion lassen sich nicht mit etwas Demokratie-Farbe beseitigen. Wer das glaubt, versteht nichts von Realpolitik.

Dieser Konflikt ist typisch für die von den USA, der UNO und den Regierungen der EU verfolgte Politik. Es geht diesen Ländern und der UNO primär um die Aufrechterhaltung früher einmal vorhandener staatlicher Strukturen. Das Schicksal der Menschen in Ländern mit verschiedenen Ethnien, die sich bekämpfen, ist ihnen egal. Diese Politik ist menschenverachtend. Diese Politik zwingt Menschen dazu, im selben Staatsgebiet zu leben, obwohl sie das nicht wollen.

George Curtisius

Die im Norden von Kosovo, an der Grenze zu Serbien, lebenden Serben erkennen die Unabhängigkeit des Kosovo nicht an. Sie wollen nicht von Kosovo-Albanern regiert werden. Falls es wahr ist, dass die Regierung des Kosovo von organisierter Kriminalität gesteuert ist, kann man es den Serben erst recht nicht zumuten, von den Kosovaren regiert zu werden.

Die im Norden des Kosovo lebende Minderheit der Serben will zu Serbien gehören. Aber ihr Selbstbestimmungsrecht wird nicht anerkannt. Warum wird mit zweierlei Maß gemessen?

Welchen Sinn macht es, Streitigkeiten zwischen der Volksgruppe der serbischen Minderheit im Kosovo und den regierenden Kosovo-Albanern mit einer internationalen Streitmacht verhindern zu wollen? Soll diese Streitmacht auch noch bis zum Jahr 2100 dort stationiert sein und eventuell noch länger?

Die Konfliktsituation kann nur beendet werden, indem sich die Internationale Gemeinschaft mit Serbien und dem Kosovo darauf einigt, dass der Norden des Kosovo, in dem die Serben die Mehrheit haben, an die Republik Serbien angegliedert wird. Dann gibt es eine klare Grenze zwischen der Ethnie der Serben und der Ethnie der Kosovo-Albaner. Probleme mit kleineren Minderheiten lassen sich auch lösen.

Die internationale Gemeinschaft muss sich dazu bekennen, dem Selbstbestimmungsrecht der Menschen einen höheren Rang einzuräumen als territorialen Grenzen.

# Frieden für den Irak und für Syrien

Im Sykes-Picot-Abkommen vom 16. Mai 1916 – vereinbarten England und Frankreich Einflusszonen in Nahost. Grenzen konnten in jeder Einflusszone frei festgelegt werden. So ist es in Wikipedia zu lesen.

Von den Vertretern des Islamischen Staats wird behauptet, dass für die Sunniten die Grenzen für den Irak und für Syrien künstlich festgelegt wurden. Sie entsprachen nicht Stammeszugehörigkeiten, nicht ihrer Ethnie, nicht ihrer Art des Islam.

Im Irak des Saddam Hussein gehörten etwa 60 Prozent der Einwohner zum schiitischen Glauben des Islam. Sie bewohnten mehrheitlich den Süden im Irak, um die Stadt Basra.

Etwa 20 Prozent der Einwohner waren sunnitische Araber. Sie bewohnten mehrheitlich das Gebiet um die Stadt Falludscha. Etwa 10 Prozent waren sunnitische Kurden. Sie bewohnten den Norden des Irak.

Dazu gab es im Irak auch Christen. Unter Saddam Hussein als Präsident waren auch Christen in seiner Regierung vertreten.

Die sunnitische, arabische, Minderheit regierte als Baath-Partei unter Saddam Hussein das Land. Die Schiiten und die sunnitischen Kurden wurden unterdrückt. Aufstände der Schiiten mit 30.000 Toten waren die Folge. Die Kurden beklagten noch viel mehr Tote. Gegen sie wurde sogar Giftgas eingesetzt.

Den Kurden gelang es, eine begrenzte Autonomie für ihr Kurdengebiet zu erreichen.

Nach dem Irak-Krieg (2003 – 2011) war der Irak politisch destabilisiert. Die Mehrheit der Schiiten übernahm die Macht. Nun wurden die arabischen Sunniten mit ihrem Siedlungsgebiet im Raum Falludscha unterdrückt. Sie wehrten sich mit Sprengstoff-Anschlägen und Selbstmord-Attentaten gegen die Schiiten. Umgekehrt verübten auch Schiiten Sprengstoff-

George Curtisius

Attentate auf Sunniten. Es gab auf beiden Seiten viele tausend Tote und Verletzte. Das vergrößerte noch den Hass auf den jeweiligen Feind.

Aber auch Teile der Stromversorgung, Wasserversorgung und von Ölforderungsanlagen wurden immer wieder durch Sprengstoff-Anschläge beschädigt und außer Funktion gesetzt.

Besonders am Beispiel des Irak kann man erkennen, was Feindbilder bewirken.

Man kann Menschen nicht zwingen, gegen ihren Willen in einem Staat zu leben, in dem sie aus religiösen oder ethnischen Gründen nicht leben wollen. Das ruft nur Aufstände oder gar Bürgerkrieg hervor mit vielen Toten.

Westliche Regierungen glauben, dass die Einheit eines Landes wichtiger sei als der religiös oder ethnisch bedingte Wille der Menschen in einem Land. Nach dem Vorbild ihrer säkular ausgerichteten Länder, in denen verschiedene Religionen und Ethnien friedlich zusammen leben, meinen sie, dass das auch in den arabischen Ländern möglich sein müsse. Das ist ein großer Irrtum und weit entfernt von Realpolitik.

Im Irak unter Saddam Hussein unterdrückte die Minderheit der Sunniten die Mehrheit der Schiiten..

Nach dem Tod von Saddam Hussein unterdrückte die Mehrheit der Schiiten die Sunniten. Viele tausend Tote durch Terroranschläge waren und sind die Folge. Die Christen wurden verfolgt, damit sie das Land verlassen.

In Syrien erhob sich die Mehrheit der sunnitischen Bevölkerung gegen das gewählte Assad-Regime in Damaskus, das im wesentlichen von der Minderheit der Alawiten, einer schiitischen Richtung des Islam, gebildet wird. Mehr als 160.000 Tote forderte inzwischen dieser Bürgerkrieg. Den sunnitischen Syrern schlossen sich im Kampf gegen das Assad-Regime die Dschihadisten an. Es wurde bisher vermutet, dass die syrischen Sunniten einen gemäßigten Islam praktizieren.

Die Dschihadisten praktizieren unter Berufung auf den Koran einen fundamentalistischen Islam. Sie wollen ein Kalifat errichten, einen Gottes-Staat. Es wird immer wieder behauptet, dass die syrischen Rebellen und die Dschihadisten von Saudi-Arabien und Katar finanziert werden. Beide Regierungen streiten das ab. Sie räumen jedoch ein, dass reiche Privatpersonen aus ihren Ländern diese Rebellen finanzieren.

Saudi-Arabien verbreitet den wahhabitischen Islam, eine strenggläubige sunnitische Richtung des Islam. Zu dieser Richtung gehören auch die Salafisten. Diese Richtung des Islam betrachtet die Schiiten des Islam als Ungläubige. Sie dürfen getötet werden, ebenso wie die sunnitischen Kurden, die Jesiden und auch Christen. Neben dem Kampf um religiöse Vorherrschaft will Saudi-Arabien aus politischen Gründen das alawitische Assad-Regime in Damaskus stürzen. Das Assad-Regime wird vom schiitischen Iran unterstützt. Auf der arabischen Halbinsel will jedoch allein Saudi-Arabien Einfluss ausüben.

Es geht beim Kampf gegen das Assad-Regime nicht um einen Kampf gegen den Diktator Assad. Auch Saudi-Arabien ist eine Diktatur, ebenso wie die Öl-Scheichtümer. Es handelt sich um einen Religionskrieg der Sunniten gegen die Alawiten und Schiiten.

Würden die sunnitischen Rebellen und die Dchihadisten diesen Krieg gewinnen, würden sie viele zigtausende Alawiten als Ungläubige abschlachten. Millionen alawitische Flüchtlinge wären auf der Flucht. Viele tausende dieser Flüchtlinge würden nach Deutschland und in andere Länder Europas strömen.

In 2014 haben die Dschihadisten große Teile von Syrien und dem Irak erobert. Sie haben den Islamischen Staat (IS) gegründet und eine Kalifat ausgerufen. Dieser Eroberungsfeldzug war nur möglich, weil sich viele arabische Sunniten des Irak den Dschihadisten angeschlossen haben. Es handelte sich dabei um ehemalige Offiziere und Soldaten von Saddam Hussein und um sunnitische Stammeskrieger.

George Curtisius

Der Islamische Staat (IS) hat fürchterliche Verbrechen gegen Menschen verübt. Westliche Journalisten wurden enthauptet. Stammesführer und Bewohner von Stämmen, die nicht gehorsam waren, wurden getötet. Es gab Massenhinrichtungen. Schiiten, Jesiden, Kurden und Christen wurden getötet, ebenso gemäßigte sunnitische Muslime.

Die irakische Regierung der Schiiten und die Kurden kämpfen gegen den Islamischen Staat. Der Islamische Staat erhielt aufgrund seiner Grausamkeiten großen Zulauf von Kämpfern aus westlichen Ländern. 15.000 Kämpfer sollen sich dem IS angeschlossen haben.

Die westliche Welt unterstützt den Irak im Kampf gegen den IS. Sie liefert Waffen und bildet die irakische Armee aus. Mit Luftangriffen gegen den IS unterstützt sie die Kurden und die irakische Armee. Die westliche Welt glaubt, den IS total vernichten zu können. Sie glaubt, die Herrschaft der schiitischen Regierung über den Irak wiederherstellen zu können. Das ist ein Irrtum! Es widerspricht jeglicher Realpolitik.

Die irakischen Sunniten werden sich niemals wieder unter die Herrschaft der Schiiten begeben. Die schiitische irakische Armee ist schlecht motiviert, um sunnitische Siedlungsgebiete für ihre Regierung zurückzugewinnen. Die sunnitischen Nachbarländer Saudi-Arabien und Jordanien haben kein Interesse daran, die schiitische Regierung in Bagdad zu stärken. Sie können auch deshalb keine Bodentruppen gegen den IS einsetzen, weil sie befürchten müssen, dass große Teile ihrer Soldaten zum IS überlaufen. Der IS mit seinem fundamentalistischen Islam übt eine Anziehungskraft auf arme sunnitische Muslime aus. Außerdem bezahlt der IS seine Kämpfer besser, als andere Armeen das tun. Saudi-Arabien und Jordanien möchten andererseits den IS vernichtet sehen, damit das Kalifat der Dschihadisten nicht ihre Herrschaft bedroht.

Ohne den Einsatz von Bodentruppen westlicher Staaten zusätzlich zur schlecht motivierten irakischen Armee ist der IS nicht zu besiegen.

Die westlichen Staaten sind nicht berechtigt, mit Bodentruppen in die im Irak und in Syrien herrschenden religiösen Kriege einzugreifen. Man stelle sich den Aufschrei in Amerika vor, wenn z.b. Soldaten aus den USA vom IS gefangen genommen und dann öffentlich enthauptet werden. Solch ein Risiko werden die USA nicht eingehen.

Solange der Iran, Russland und die Hizbollah-Milizen im Libanon das Assad-Regime unterstützen, ist es nicht möglich, das Assad-Regime zu beseitigen. Das Assad-Regime ist im Vergleich mit dem IS das geringere Übel. Unter Assad konnten alle Religionen friedlich zusammenleben. Unter den Dschihadisten und den angeblich gemäßigten syrischen Sunniten geht das nicht. Auch die angeblich gemäßigten syrischen Sunniten haben Christen getötet.

In Syrien sind etwa drei Millionen Menschen auf der Flucht vor dem Bürgerkrieg und vor den Dschihadisten. Im Irak sind etwa eineinhalb Millionen Menschen auf der Flucht vor der schiitischen Regierung und vor den Dschihadisten. Wenn die religiösen und ethnischen Bürgerkriege noch länger andauern, vergrößern sich die Flüchtlingsströme. Es bestehen keine Chancen, dass die Flüchtlinge wieder in ihre Heimat zurückkehren können.

Der Irak und Syrien, sowie die Nachbarländer Iran, Saudi-Arabien und Jordanien, wie auch westliche Länder wären gut beraten, wenn sie eine Friedenslösung anstreben zur Beendigung der Religionskriege. Jahrelange oder sogar jahrzehntelange Kriege sind den betroffenen Menschen und der Welt nicht zuzumuten.

**Frieden im Irak und in Syrien ist nur zu erreichen, wenn man die religiösen Gruppierungen derart trennt, dass sie in einem eigenen Staat leben können.**

Wenn westliche Politiker glauben, dass zukünftig sunnitische Iraker wieder unter der Regierung und Herrschaft der Schiiten leben wollen, sind sie Träumer. Sie sollten den

Beteuerungen von sunnitischen Parlamentsabgeordneten nicht glauben. Diese möchten nur nicht ihre gute Bezahlung als Abgeordnete verlieren.

## Schritte zum Frieden:

Der Welt-Sicherheitsrat und die UNO müssen bereit sein, die Länder, in denen aufgrund von religiösen Gegensätzen und Feindbildern Kämpfe stattfinden, in Verhandlungen unter den Kriegsparteien aufzuteilen. Gleiches ist zu bedenken für die Unabhängigkeitsbestrebung der ethnisch von anderen Volksgruppen getrennten Kurden.

## Irak

Unterhändler sollten zuerst sondieren, ob eine Chance besteht, die ehemals gemäßigten sunnitischen Araber im Irak (Falludscha-Region) von den fundamentalistischen Dschihadisten zu trennen. Sie müssen mit den militärischen Führern der gemäßigten Sunniten im Irak (Falludscha-Region) und den sunnitischen Stammesführern verhandeln, die zurzeit ihre Krieger mit den Dschihadisten kämpfen lassen. Wenn sie den gemäßigten Sunniten versprechen können, dass sie ihren eigenen Staat erhalten, wenn sie sich von den Dschihadisten trennen, werden sie bereit sein, ihre Kämpfer von den Dschihadisten abzuziehen.

Auf internationaler Ebene wäre dann in Verhandlungen mit den Schiiten im Irak und den Sunniten und den Kurden ein Aufteilung des bisherigen Staates Irak zu vereinbaren, der jetzt schon nicht mehr so existiert. Bei den Kurden ist der Wunsch nach einem eigenen Staat ethnisch motiviert, weniger religiös.

Wenn die Kurden, die Sunniten und die Schiiten jeweils in ihrem dann von einander getrennten Staatsgebiet Ölfelder verwalten und am Ölexport verdienen, ist auch die Lebensfähigkeit jedes dieser neuen Staatsgebilde gesichert.

Mit der Aufteilung des Irak in drei neue Staatsgebilde enden die Kriege der Sunniten und Schiiten gegeneinander und Aufstände der Kurden gegen Bagdad sind unnötig. Der Flughafen Bagdad könnte evtl. kostenmäßig sowohl von Schiiten und Sunniten genutzt werden.

In den Verhandlungen muss den Dschihadisten eine kleine Region in Syrien als eigener Staat zugebilligt werden. Schiiten und Sunniten sowie Kurden würden ihnen im Irak keine Möglichkeit geben, dort weiter zu residieren.

Es könnte sein, dass es nicht möglich ist, jedem der drei Nachfolgestaaten des Irak eigene Ölfelder zuzuordnen. In diesem Fall ist zu überlegen, ob nicht alle Ölfelder und Raffinierien in allen drei Nachfolgestaaten unter internationale Verwaltung gestellt werden. Die Gewinne aus der Rohölförderung und – verarbeitung sind entsprechend den Einwohnerzahlen auf die drei neuen Staatsgebiete aufzuteilen.

Diese Friedenslösung ist erreichbar, wenn es gelingt, die gemäßigten Sunniten von den Dschihadisten zu trennen. Die Dschihadisten müssten zustimmen. Anderenfalls würden sie von den gemäßigten irakischen Sunniten, den Kurden und vom irakischen schiitischen Militär bekämpft. Einem Kampf an drei Fronten wären sie nicht gewachsen.

Falls es nicht gelingen würde, die gemäßigten irakischen Sunniten von den Dschihadisten zu trennen, wird es schwieriger, Frieden zu erreichen.

Von dem von den Dschihadisten eroberten Gebieten im Irak müsste man mit Hilfe der Kurden und der irakischen Armee einen Teil abtrennen, in dem bisher Sunniten wohnen oder zukünftig wohnen können. Dieser Teil müsste ein kleines Staatsgebiet werden mit vielleicht 2 bis 3 Millionen sunnitischen irakischen Arabern. In diesem Staat können gemäßigte sunnitische Iraker leben, die nicht unter der grausamen

Herrschaft der Dschihadisten leben wollen. Um das zu erreichen, müssten die Kurden und die irakische Armee Hilfe von der syrischen Freiheitsarmee erhalten. Die westlichen Länder müssten ihren Anteil an militärischer Hilfe einbringen. Insgesamt wäre es aber die schlechtere Alternative.

Eventuell sind Umsiedlungen vorzunehmen, um verfeindete Bevölkerungsteile von einander zu trennen. In der arabischen Welt kann nur durch Trennung der Feinde dauerhafter Frieden erreicht werden, nicht mit Appellen oder der Hoffnung, dass sich Feinde wieder versöhnen. Die Kosten der Umsiedlung könnten von Saudi-Arabien, den Öl-Scheichtümern und der UNO bezahlt werden.

## Syrien

In Syrien ist der Bürgerkrieg nur durch eine Teilung des Landes zu beenden.

Zurzeit unterstützt Russland das Assad-Regime, welches das Leben der Alawiten und anderer Schiiten schützt. Die Rebellen der freien syrischen Armee und die Dschihadisten werden von den Saudis und den Ölscheichtümern finanziert, aber wohl auch von den USA und der EU. Das Ziel der USA und der EU ist, das Assad-Regime zu stürzen, damit Russland den syrischen Hafen Latakia nicht mehr für seine Schiffe im Mittelmeer nutzen kann. Im Schatten eines von Saudi-Arabien initiierten Religionskriegs wird von den USA und der EU auch ein strategisches Ziel zur Schwächung von Russland verfolgt.

Zahlen die USA und die EU tatsächlich Gelder an die syrischen Terroristen, die gegen die gewählte Regierung von Assad kämpfen? Sollte das der Fall sein, tragen sie auch Mitverantwortung für das Leiden der Menschen in Syrien. Sie wären dann auch mitverantwortlich für die Flüchtlingsströme, für deren Versorgung sie ebenfalls Gelder bereitstellen müssen. Wie klug wäre eine Mitfinanzierung der syrischen Terroristen für den

Kampf gegen eine demokratisch gewählte Regierung? Auf jeden Fall richtete sich der anfängliche Aufstand gegen eine demokratisch gewählte Regierung.

Der politisch-religiöse Krieg, der auf dem Rücken der friedlichen Syrer ausgetragen wird, kann unbegrenzte Zeit dauern, solange die Gelder für die Rebellen und das Assad-Regime fließen und beide Seiten genügend Waffen erhalten.

Auf internationaler Ebene wäre mit den Kriegsparteien zu vereinbaren, das bisherige Syrien, das jetzt schon nicht mehr ungeteilt existiert, als Teil einer Realpolitik in drei Länder aufzuteilen. Dem Assad-Regime ist mit Damaskus und um den Hafen Latakia eine Region zuzuteilen, in der die Alawiten und Schiiten leben können. Der Hafen Latakia wird auch von Russland genutzt. Russland wird dieses Recht nicht aufgeben wollen.

Die Alawiten hatten laut Wikipedia vor dem Bürgerkrieg einen Bevölkerungsanteil von 12 Prozent, die Christen von etwa 10 Prozent. Dazu kommen noch Anteile für Schiiten.

Ohne die Beteiligung von Russland an diesen Verhandlungen wird man keine Einigung erzielen können.

Ein anderer Teil des früheren Syriens ist den syrischen Sunniten zuzuteilen, mit dem Zentrum von z.B. Aleppo. Ein dritter, sehr kleiner Teil, wäre den Dschihadisten zu überlassen, weil sonst keine Möglichkeit bestünde, wohin sich die ursprünglichen 15.000 bis 25.000 Kämpfer der Dschihadisten zurückziehen können. Außerdem müssten alle bisherigen Geldgeber der Dschihadisten ihre Finanzierung dieser Gruppe einstellen. Dann würde sich mit der Zeit diese Gruppierung auflösen, weil die Bürger diesem Schreckensregime entfliehen würden. Und nur von Kämpfern kann kein Staatsgebilde existieren.

Auch in Syrien sind den Einwohnern der drei Nachfolgestaaten möglichst Einnahmen aus der Ölförderung und -verarbeitung zu sichern.

George Curtisius

## Aufgabe der internationalen Gemeinschaft

Erst mit der Aufteilung des Irak und von Syrien in einzelne Länder für die Religionsgruppierungen und die Kurden wird die Gewalt zwischen den religiösen Gruppen und den Kurden enden. Wer glauben möchte, dass auch ein friedliches Zusammenleben – ohne despotische Diktatur – verschiedener religiöser Gruppierungen möglich sein muss, handelt gegen jegliche Realpolitik. Er handelt auch mit Unverständnis in Bezug auf die verschiedenen Glaubensrichtungen im Islam. Und er unterschätzt den Willen von Saudi-Arabien, ihren fundamentalistischen Islam in der Region und in der Welt, insbesondere auch in Afrika, zu verbreiten.

Insofern ist auch der Libanon kein Muster-Beispiel, wenn man die bisherigen Bürgerkriege und den brüchigen Frieden zwischen den Religionsgruppen betrachtet sowie, dass in Beirut schiitische Stadtviertel gegen sunnitische Stadtviertel kämpfen.

Es liegt bei Ländern wie Deutschland und den ständigen Mitgliedern im Welt-Sicherheitsrat, die Initiative zum Frieden im Irak und in Syrien zu ergreifen.

# Politiker regiert nicht gegen die Menschen!

## Erweiterte EU – eine Fehlkonstruktion

Für die deutschen Bürger zeigt sich immer mehr, dass die 1992 gegründete EU mit den danach erfolgten Erweiterungen falsch konstruiert wurde. Sie wird auch mit den weiteren geplanten Erweiterungen für die deutschen Bürger nachteilig sein.

Es war schon ein Fehler, dass Griechenland 1981 von den Vorläufern der EU als Mitglied aufgenommen wurde. Griechenland ist Teil des Balkans. Seit eher ist bekannt, dass in den Ländern des Balkans eine andere Mentalität herrscht. Sie weicht von der westeuropäischen Mentalität in Bezug auf das Rechtsverständnis, Ehrlichkeit und Verlässlichkeit deutlich ab. In Balkan-Ländern herrscht seit eh und je eine blühende Korruption, als Normalität des Lebens. Die Schwierigkeiten, welche die EU seit einigen Jahren mit Griechenland hat, zeigen, was gemeint ist. Die Balkan-Mentalität von Griechenlands Regierung ist der westlichen Mentalität fremd.

Griechenland hat sich die Aufnahme in die Eurozone mit falschen Angaben erschlichen. Auch nach der seit etwa 2011 eingetretenen Finanzkrise Griechenlands hat sich Griechenland fast nie völlig an die Vorgaben der EU in Bezug auf notwendige Reformen gehalten.

Schon in der Antike war die griechische Mentalität durch den listenreichen Odysseus beschrieben worden. Im 19. Jahrhundert erreichte Griechenland trickreich, dass es von England und Frankreich jahrelang finanziell ausgehalten wurde, so hieß es kürzlich in einem Bericht. Offenbar konnte Griechenland auf Dauer finanziell nie ohne fremde Hilfe existieren.

Listenreich ist Griechenland auch heute noch. Griechenland erweist sich in Bezug auf die finanzielle Unterstützung der Euro-Länder immer mehr als ein Fass ohne Boden. Es wird die erhaltenen Kredite nie zurückzahlen können. Die deutsche Regierung fügt den deutschen Steuerzahlern erheblichen Schaden zu durch die Transferzahlungen an das korrupte Griechenland.

Man hätte nur Schweden, Finnland und Österreich noch in die EU aufnehmen sollen. Aber für alle osteuropäischen Staaten, wie die baltischen Staaten und alle früheren kommunistischen osteuropäischen Staaten hätte man eine Osteuropäische Union (OEU) gründen sollen.

Zur EU gehörten zuerst industriell hoch entwickelte Länder, die sich nach dem 2. Weltkrieg einen hohen Wohlstand erarbeitet hatten. Die ehemals kommunistischen Länder waren aufgrund der von der Sowjetunion übernommenen zentralen Planwirtschaft wirtschaftlich verarmt.

Vor und nach der Aufnahme in die EU wurden sie schweren Anpassungsprozessen unterworfen. Diese konnten sie nur schwierig bewältigen. Balkan-Länder können ihre spezielle Mentalität nicht überwinden.

Das Hauptproblem, der große Abstand im Pro-Kopf-Einkommen zwischen den westeuropäischen Ländern einerseits und den osteuropäischen Ländern andererseits, konnte bis heute nicht gelöst werden. Dieser finanzielle Abstand zwischen reichen und armen Ländern wurde in Bezug auf die zuletzt aufgenommenen Länder Rumänien, Bulgarien und Kroatien noch größer.

Die deutschen Bürger leiden unter deutlich gestiegener Kriminalität durch osteuropäische Einbrecher- und Räuberbanden. Sie holen sich mit großer Brutalität von deutschen Bürgern die Vermögensgegenstände, auf die sie glauben ebenso Anrecht zu haben, wie die Deutschen. Zum Teil töten sie auch ihre Opfer. Geklaut werden auch Autos, Lastkraftwagen, Baumaschinen usw.

Der deutsche Staat steht dieser Kriminalität hilflos gegenüber. Er hätte die Grenzen zu diesen osteuropäischen Staaten überwachen müssen, darf das aber nicht aufgrund des Schengen-Abkommens. Er hätte mehr Polizei zur Sicherheit der Bürger einsetzen müssen. Für die Polizei fehlen die finanziellen Mittel, weil sie in die Bürokratie fließen. Die beklauten und verprügelten sowie getöteten Bürger bezahlen den Preis für den ungehemmten Erweiterungsdrang der EU. Hätte die deutsche Regierung nicht diese negative Entwicklung voraussehen müssen?

Es fragt sich, ob Regierungen und Politiker ihre Entscheidungen zur Erweiterung der EU nur aus dem Bauch treffen. Oder stützen sie sich allein auf finanzielle und wirtschaftliche Statistiken? Warum haben sie keine Szenarien erstellen lassen in Bezug auf soziale, ethnische und religiöse Einflussfaktoren auf die davon betroffenen Bürger?

Noch kann die Regierung etwas gegen die osteuropäischen Räuber- und Einbrecherbanden tun. Sie müsste nur im Abstand von 200 m oder 1 km von der Grenze alle aus der Bundesrepublik ausreisenden Menschen und Fahrzeuge kontrollieren. Sie würde nicht die Einreise kontrollieren, nur die Ausreise. Damit könnten Verbrecher mit ihrer Beute erkannt und verhaftet werden.

Es wäre viel vernünftiger gewesen, alle armen osteuropäischen Staaten nach dem Muster der EU in einer Osteuropäischen Union (OEU) zusammenzufassen. Die EU hätte mit dieser OEU ein Freihandelsabkommen geschlossen, um ihrer Wirtschaft auf diese Weise die osteuropäischen Märkte und deren billige Löhne zu sichern. Die OEU hätte genauso ihre Vorteile für ihre Bürger gehabt. Die OEU hätte als Block der NATO beitreten können, was allen die gewünschte militärische Sicherheit gebracht hätte.

Wenn sich über viele Jahrzehnte die Pro-Kopf-Einkommen in der OEU an die Pro-Kopf-Einkommen in der EU mit nur geringem Abstand angenähert hätten, wäre eine Vereinigung zu einer gemeinsamen Groß-Europäischen Union möglich gewesen. Dann hätten auch osteuropäische Diebes-, Einbrecher- Räuber- und Bettler-Banden keine Notwendigkeit gesehen, in Westeuropa tätig zu werden.

Eine EU, bestehend aus nur 14 westeuropäischen Ländern, hätte sich einfacher regieren lassen. Sie hätte auch eine bessere Integration ermöglicht, als die EU mit 28 Ländern. Sie hätte weniger Kriminalität gehabt. Deutschland und andere EU-Länder hätten keine Armutseinwanderung gehabt!

Es ist von Nachteil für die Bürger der EU, dass die EU-Regierungen ihre bisherige fehlerhafte Politik fortsetzen. Die EU umwirbt Moldawien, das ärmste Land Europas, sich der EU per Assoziationsvertrag anzuschließen, vermutlich mit späterer Beitrittsoption. Alle zuletzt umworbenen Länder Ukraine, Georgien, Serbien, Bosnien-Herzegowina, Kosovo usw. sind bettelarm.

Der wirtschaftliche und soziale Abstand zu den reichen EU-Ländern ist riesig. Ein Beitritt solcher Länder zur EU hätte noch mehr Einbrecher- und Räuberbanden und insgesamt mehr Kriminalität in Deutschland zur Folge. Man tut den Einwohnern dieser Länder mit einer Mitgliedschaft in der EU keinen Gefallen. Als Mitglied der EU haben sie keine Teilhabe am Reichtum. Sie blicken am Rande der Gemeinschaft mit leeren Schüsseln auf die reich gefüllten Schüsseln der anderen Mitglieder.

# USA und EU – Konkurrenten und Partner

Für deutsche Bürger ist unbestritten, dass von den USA die Bundesrepublik Deutschland weiterhin wie ein von ihr besetzter Staat behandelt wird. Das Verhalten unserer Bundeskanzlerin scheint darauf hinzudeuten, dass sie willig Anweisungen der US-Regierung befolgt. Mit mir sind viele Bürger/innen der Meinung, dass sich unsere Regierung verhält, als wäre Deutschland ein Protektorat der USA.

Unverständlich ist dagegen, dass auch die anderen EU-Länder sich willig den Wünschen der US-Regierung unterordnen. Zumindest kann man das im Ukraine-Konflikt bei den von den USA angeordneten Sanktionen gegen Russland erkennen.

Offenbar sehen die Politiker der EU in den USA zuerst den politischen und wirtschaftlichen Partner. Sie übersehen zum Nachteil aller Bürger in der EU, dass die USA zuerst der wichtigste politische und wirtschaftliche Konkurrent der EU ist. Die USA will auch in Europa die Politik beeinflussen können. Die EU dürfte jedoch in Bezug auf die Bevölkerungszahl und die Wirtschaftskraft die USA übertreffen. Das könnte den Anspruch der USA als herrschende Weltmacht, sowohl politisch als auch wirtschaftlich in Frage stellen.

Die Politik der USA ist daher darauf ausgerichtet, die EU sowohl politisch wie auch wirtschaftlich zu schwächen. Sie will zum Beispiel erreichen, dass die fundamental-islamische Türkei der EU beitritt. Sie will Russland schwächen, damit die EU nicht zu eng mit Russland zusammenarbeitet. Die USA müssen verhindern, dass die EU und Russland eine große Freihandelszone bilden. Sie müssen besonders verhindern, dass EU und Russland gar in einer großen ganz Europa umfassenden Union zusammenwachsen.

Diese große Union würde über ein großes militärisches Potential, über enorme Rohstoffvorkommen und eine große wirtschaftliche Macht verfügen. Im Vergleich zu dieser Super-

Union würde die Macht der USA auf den zweiten Platz zurückfallen. Diese Gefahr kann und will die USA nicht zulassen.

Der Ukraine-Konflikt ist den USA sehr willkommen, vielleicht sogar von ihr veranlasst und finanziert. Mit diesem Konflikt gelang es den USA die EU und Russland gegen einander auszuspielen. Die USA beherrschen das „divide et impera!". Die EU-Politiker haben diese Strategie der USA nicht durchschaut und sind ihr in die Falle gegangen. Warum können die Politiker der EU nicht strategisch denken und handeln?

Die von den USA veranlassten Sanktionen der EU gegen Russland haben nur den Unternehmen in der EU Schaden zugefügt, fast gar nicht den US-Unternehmen. Als Folge der Sanktionen ist der Kurs des Rubel um 20 bis 30 Prozent gefallen. Solch eine Währungsabwertung hätten sich Griechenland, Italien und Spanien dringend gewünscht. Das hätte ihre Wirtschaft wettbewerbsfähiger gemacht. Der gemeinsame Euro erlaubte das nicht.

International ist ein Wettlauf zur Abwertung einzelner Währungen nicht gewollt, auch nicht erlaubt. Aufgrund der Abwertung des Rubel um 20 bis 30 Prozent sind russische Unternehmen vor der Konkurrenz aus dem Ausland geschützt. Sie können ohne Gefahr für ihren Umsatz ihre Preise erhöhen und damit ihre Gewinne. Sie können mehr investieren und ihre Produktion ausbauen. Sie können in neue Produkte investieren. Soweit russische Unternehmen noch auf die jetzt teureren Importgüter angewiesen sind, können sie Ersatzprodukte entwickeln und damit spätere Importe überflüssig machen. Insgesamt könnte sich die aufgrund der Sanktionen erfolgte Abwertung des Rubel langfristig als Vorteil für die russische Wirtschaft erweisen. Die Unternehmen der EU sind langfristig die Verlierer. Den USA sei Dank dafür?

Werden sich die EU-Politiker „im Interesse der politischen Partnerschaft" auch beim Vertrag über „Transatlantische Handels- und Investitions-Partnerschaft (TTIP)" von den USA über den Tisch ziehen lassen? Werden sie sich nach vermutlichen „Scheinverhandlungen" dem „stärkeren Partner USA" unterwerfen? Die Bundeskanzlerin hatte den Vertrag in einer Rede als „alternativlos" bezeichnet. Mit dem Wirtschafts- und Handelsabkommen (CETA) hatte sich die EU schon den Wünschen von Kanada unterworfen.

Ich möchte die Politiker der EU daran erinnern, dass die USA überall ein Chaos zurück gelassen haben, wo sie militärisch eingegriffen haben. Gleiches gilt für die Bestrebungen der USA, islamischen Ländern eine Demokratie vorschreiben zu wollen.

Man sieht das Ergebnis in Afghanistan, im Irak und in Libyen, wo nur noch Unfrieden herrscht. Mit der Finanzierung der sunnitischen Rebellen und mit Waffenlieferungen an sie erzeugen die USA ebenfalls Flüchtlingsströme.

# Die verfehlte Einwanderungspolitik

Die Regierung handelt zum Nachteil und gegen den Willen der Mehrheit der Bevölkerung, weil sie die Aufnahme großer Ströme von Einwanderern und Flüchtlingen fördert. Sie nimmt die aus Italien einreisenden Flüchtlinge auf. Sie weiß nicht, wie sie die Flüchtlinge ordnungsgemäß unterbringen kann. Sie schickt die Flüchtlinge nicht nach Italien zurück, was entsprechend EU-Vertrag richtig wäre. Unsere Laissez-Faire-Regierung lässt den Bruch des EU-Vertrags von Dublin durch Italien zu. Nach dem Vertrag von Dublin haben Flüchtlinge in dem Land der EU ihren Asylantrag zu stellen, in dem sie zuerst ankommen.

Unsere Laissez-Faire-Regierung verlangt offenbar nicht energisch, dass Flüchtlinge auf alle EU-Länder verteilt werden, entsprechend ihrem Anteil an Einwohnern in der EU. Deutschland ist das am dichtesten besiedelte Land der EU.

George Curtisius

Warum muss Deutschland die Hauptlast der Einwanderer und Flüchtlinge tragen? Warum sorgt die EU-Kommission nicht für eine anteilige Verteilung der Flüchtlinge bzw. Einwanderer auf alle EU-Länder? Die Merkel-Regierung ist gefordert, hier Antworten zu geben.

Warum nehmen die USA nicht die Flüchtlinge aus Afghanistan und dem Irak auf. Die USA sind mit ihrer Politik in erster Linie verantwortlich für diese Flüchtlingsströme. Bei den Flüchtlingen aus Syrien sollte die deutsche Regierung darauf dringen, dass Saudi-Arabien und Katar zumindest die muslimischen Flüchtlinge aufnehmen. Diese Länder finanzieren den Aufstand der Sunniten in Syrien gegen das alawitische Regime von Assad und verursachen so den Bürgerkrieg.

Durch die Aufnahme der von Italien nicht aufgenommenen Flüchtlinge fügt die deutsche Regierung ihren Bürgern in zweifacher Hinsicht Schaden zu.

Nur etwa 15 bis 20 Prozent der in der BRD ankommenden Flüchtlinge werden das Asylrecht erhalten. Es ist selbstverständlich, dass verfolgte Menschen entsprechend Asylrecht und Genfer Flüchtlingskonvention aufzunehmen sind. Ihnen stehen die gleichen Rechte zu wie deutschen Bürgern.

Das Fernsehen interviewte kürzlich einen aus Syrien geflüchteten Orthopäden. Er lebt mit seiner Familie seit 18 Monaten in Berlin. Er hat bisher keine Arbeit gefunden! Offenbar haben es sogar hochqualifizierte Flüchtlinge schwer, einen Arbeitsplatz zu finden.

Etwa 80 bis 85 Prozent sind Wirtschaftsflüchtlinge. Auch die meisten Wirtschaftsflüchtlinge werden nicht in ihre Heimatländer abgeschoben. Sie erhalten meistens ein Bleiberecht, vermutlich weil die Prüfung ihres Asylantrags länger als ein Jahr gedauert hat. Unser Laissez-Faire-Staat ist nicht in der Lage, innerhalb von 3 Monaten über einen Asylantrag zu entscheiden! Ist das nicht ein Armutszeugnis für einen modernen

Staat, vergleichbar mit der Unfähigkeit beim im Bau befindlichen Airport Berlin-Brandenburg?

Etwa 95 Prozent aller aufgenommenen Flüchtlinge haben keine Fähigkeiten, die von der deutschen Hochtechnologie-Industrie benötigt werden. Diese Flüchtlinge haben meist keine vergleichbare Schulausbildung und keine Berufsausbildung. Sie stehen im Wettbewerb mit Arbeitskräften aus der BRD und der EU um eine kleine Zahl von Arbeitsplätzen für Arbeitnehmer mit niedriger Berufsqualifikation. Sie haben nur geringe Chancen, Arbeit zu finden. In Hartz IV sind bereits 300.000 Osteuropäer trotz ihrer Qualifikation arbeitslos. Die meisten stammen aus Polen. Warum sollten Flüchtlinge aus Afghanistan, Syrien, Irak und Afrika eine bessere Ausbildung haben als die arbeitslosen Osteuropäer?

Studien der Bertelsmann-Stiftung erwecken den Eindruck, dass die zu uns gekommenen Osteuropäer weit überwiegend gut ausgebildet sind. Migranten sollen sogar 22 Mrd. Euro zum BIP beigetragen haben. Warum sind dann 300.000 Osteuropäer arbeitslos? Diverse Kommentatoren von Artikeln in Online-Zeitungen halten die Studien der Bertelsmann-Stiftung für nicht seriös. Man könnte meinen, dass sie ein Teil der Propaganda der Regierung sind, um das Volk zu manipulieren. Echte Tatsachen sind die arbeitslosen Osteuropäer und andere Migranten.

Der Präsident des Verbands der Arbeitgeber behauptet immer wieder, dass die Wirtschaft viele Einwanderer brauche. Die Wirtschaft kann den Einwanderern, den vielen Flüchtlingen, jedoch keine Arbeitsplätze bieten. Sie braucht die Einwanderer nur als vom Steuerzahler (Hartz IV) bezahlte Konsumenten. Die Wirtschaft will ihnen Wohnungen bauen, Kleidung und Nahrungsmittel verkaufen. Das ist purer Opportunismus zur Profitmaximierung.

Die geringe Qualifikation für einen Arbeitsplatz hat zur Folge, dass die meisten Flüchtlinge ihr Leben als Empfänger von Hartz IV fristen werden. Sie haben keine andere Perspektive für ihr Leben. Das fördert ihre Unzufriedenheit, weil sie sich ihr

Leben in Deutschland anders vorgestellt haben. Diese Menschen lassen sich leicht radikalisieren.

Laut Verfassungsschutz sind 600 bis 800 junge Muslime nach Syrien gereist, um im Islamischen Staat gegen islamische Schiiten und andere Ungläubige zu kämpfen, um sie zu töten. Es waren meistens Muslime, die ihre Schule und Ausbildung nicht abgeschlossen hatten. Ihnen fehlte eine sinnbildende Perspektive für ihr Leben. Sind da die Sorgen deutscher Bürger über den kriegerischen Islam nicht berechtigt?

Unsere Laissez-Faire-Regierung fördert durch die massive Einwanderung aus Ländern außerhalb von Europa die Bildung weiterer Parallel-Gesellschaften durch diese Ausländer in Deutschland. Es entsteht mit der Zeit sozialer Sprengstoff, wie er sich schon durch Aufstände in den Vorstädten von Paris, sowie in England und in Schweden entladen hatte.

Vor einiger Zeit wurde festgestellt, dass die Integrationspolitik weitgehend versagt hat. Die Integration von Einwanderern, insbesondere von außereuropäischen Einwanderern, ist und bleibt ein frommer Wunsch. Es gibt wenige Fälle einer gelungenen Integration. Aber auch nach vielen Jahren in Deutschland können die meisten türkischen Frauen kein Deutsch. Oder sie sprechen nur gebrochen Deutsch. Türkische Frauen, die zur Heirat nach Deutschland kommen, müssen keine 300 Worte Deutsch mehr lernen, um einreisen zu dürfen. Wie sollen sie sich integrieren?

Migranten mit einfacher Bildung neigen dazu, mit anderen Migranten aus ihrem Heimatland zusammenleben zu wollen. Sie wollen auch in der Fremde ihre ihnen vertraute Kultur leben, aber von den sozialen Vorteilen in Deutschland profitieren. So entstehen dann immer wieder Parallelgesellschaften.

Kann man von gelungener Integration sprechen, wenn kriminelle arabische Clan-Gesellschaften die Justiz mit Todesdrohungen davon abhalten, sie für kriminelle Taten zu verurteilen? Oder beweist der Staat damit nur, dass er gegenüber brutaler Kriminalität hilflos ist? Ist es gelungene Integration, wenn der Staat es duldet, dass Asylbewerber in Parkanlagen Drogen verkaufen? Warum müssen die Spaziergänger es dulden, damit belästigt zu werden? Andere Drogendealer kommen ins Gefängnis, warum keine Asylbewerber, die kriminell handeln?

Unsere Regierung setzt bei der Einwanderung offenbar zuerst auf schiere Masse, auch wenn sie später nur von Hartz IV bezahlte Konsumenten sind. Warum schafft sie nicht ein Auswahlsystem, das nur Migranten aus Griechenland, Italien und Spanien sowie osteuropäischen Staaten zulässt, die eine abgeschlossene Berufsausbildung haben?

Für viele Bürger ist die Arroganz der Politiker und Regierenden unerträglich. Man will den Bürgern ständig einreden, dass wir ein wundervolles Einwanderungsland sind. Von den Bürgern wird erwartet und sogar verlangt, dass sie alle negativen Folgen aus der ungezügelten Einwanderung zu akzeptieren haben. Warum macht unsere Regierung kein rigideres Einwanderungsgesetz, das die deutschen Bürger besser vor negativen Folgen schützt?

Folgendes sei den Politiker gesagt: Ein Staat besteht aus seiner Bevölkerung, nicht aus seiner Fläche. Die regierenden Politiker dürfen nur im Auftrag der Bevölkerung handeln. Sie sind „Beauftragte oder Diener" des Volkes auf Zeit". Sie sind keine autonomen Regenten, auch wenn sie glauben, das zu sein. Politiker können im Auftrag ihrer Bevölkerung Gesetze erlassen. Sie dürfen keine Gesetze gegen den Willen ihrer Bevölkerung erlassen. Dazu wären sie nicht befugt.

# Die Haltung der christlichen Kirchen zur Aufnahme von Flüchtlingen

Soweit ich die christlichen Kirchen verstanden haben, plädieren sie aus christlicher Sicht auch für die Aufnahme aller in Deutschland ankommenden Wirtschaftsflüchtlinge. Man könnte

George Curtisius

meinen, dass sie alle Deutschen für fremdenfeindlich halten, die gegen die Aufnahme aller Wirtschaftsflüchtlinge sind. Ist die schematische Verurteilung Andersdenkender berechtigt?

Ich frage mich, was wohl Jesus von Nazareth geantwortet hätte, wenn man ihm die Frage gestellt hätte, ob alle Wirtschaftsflüchtlinge aufzunehmen sind.

Jesus hätte vermutlich folgendes gesagt:

"Nehmt alle Flüchtlinge auf, die aufgrund von Verfolgung und Gefahr für ihr Leben zu euch gekommen sind. Nehmt alle Menschen auf, die aus unabweisbarer Not nicht in dem Land leben können, aus dem sie gekommen sind und die sich selbst nicht helfen können.

Wollt ihr auch alle Flüchtlinge aufnehmen, weil sie arm sind und deshalb zu euch gekommen sind? Dann bedenkt das göttliche Gesetz des: ‚bete und arbeite'. Wie wollen die vielen Flüchtlinge in eurem Land leben, wenn sie kaum Chancen auf Arbeit haben? Wie könnt ihr verantworten, sie in einem für sie fremden Land aufzunehmen, wenn ihr ihnen am Ende nur Logis und Kost geben könnt? Betrügt ihr sie damit nicht um ihre Chancen in ihrem Leben, zudem noch in einem Leben in der Fremde?

Die Einwanderer wollen auch in der Fremde so leben, wie sie in ihrer Heimat gelebt haben, nur mit dem gewünschten Wohlstand. Seid ihr bereit und in der Lage, ihnen das von ihnen gewünschte Leben mit ihrer Kultur zusammen mit anderen Menschen aus ihrem Heimatland zu ermöglichen? Vermutlich wollt ihr das nicht und könnt ihnen auch ihre Wünsche nicht erfüllen. Macht den Flüchtlingen deshalb bei ihrer Ankunft keine falschen Hoffnungen.

Mein Rat für euch ist: ‚Schickt die Wirtschaftsflüchtlinge wieder in ihr Heimatland zurück. In ihrer Heimat sollen sie sich mit ihrer Arbeit am Aufbau ihres Landes einbringen, damit es ein Land wird, in dem alle Bürger ihren Lebensunterhalt und ihren

Frieden finden. In ihrem Heimatland gibt es viele Menschen in Not, die ihrer Hilfe bedürfen.

Ihr könnt nicht alle Armen dieser Welt aufnehmen. Was dem einen recht ist, ist dem anderen billig. Wollt ihr die Wirtschaftsflüchtlinge aufnehmen, die zu euch wollen, die es unter Schwierigkeiten zu euch geschafft haben dann müsst ihr auch alle anderen Armen dieser Welt aufnehmen. Sie haben das gleiche Recht wie diejenigen, die jetzt bei euch angekommen sind. Ihr solltet nicht mit zweierlei Maß messen. Das tut auch euer Vater im Himmel nicht. Entscheidet euch, wie ihr es halten wollt."


# Ist der Islam eine Gefahr für deutsche Bürger?

Ein zweites Problem für Deutschland besteht darin, dass die meisten Flüchtlinge aus Syrien, Afghanistan, Irak und afrikanischen Ländern kommen. Sie sind Muslime.

Viele der weitsichtig denkenden Bürger befürchten eine Überfremdung. In ihrem Heimatland möchten sie sich nicht als fremd fühlen. Sie befürchten auch die zunehmende Islamisierung unseres christlichen Abendlandes. In dieser Ansicht werden sie bestätigt, wenn sie vollverschleierten Frauen begegnen. Frankreich und Belgien haben das Tragen der Burka im öffentlichen Raum verboten.

Unser Laissez-Faire-Staat hat jedoch nicht den Mut und nicht die Kraft, die Vollverschleierung von Frauen im öffentlichen Raum zu verbieten. So fördert unsere ängstliche Regierung den Eindruck einer zunehmenden Islamisierung unseres Landes.

Die Bürger/innen unseres Staats und Europas haben kein Problem mit friedfertigen Muslimen, sofern sie das Grundgesetz beachten. Die Muslime sollten in unserem christlichen Abendland jedoch keine besonderen Rechte für ihre Religion einfordern, die in islamischen Staaten den dort lebenden Christen nicht eingeräumt werden.

Die deutsche Laissez-Faire-Regierung behauptet, dass der Islam eine friedliche Religion sei. Sie verschweigt, dass allein im November 2014 von islamischen Kämpfern in Afghanistan, im Irak, in Syrien, in Nigeria mehr als 5.000 Menschen getötet wurden. Diese Zahl wurde von BBC, London, berichtet, als Ergebnis einer Londoner Studie.

Von sunnitischen muslimischen Kämpfern wurden muslimische Schiiten, Christen, Jesiden und sogar gemäßigte sunnitische Muslime getötet. Diese Kämpfer berufen sich darauf, dass ihr Gebetsbuch Koran ihnen diese Pflicht auferlegt.

Die Muslime in Europa und weltweit sind inzwischen zutiefst verunsichert, welcher Art von Islam und welchen Handlungsanweisungen des Koran sie zu folgen haben. Die jordanische Königin (WELT) hat kürzlich in einer Rede in Dubai von islamischen Religionsgelehrten und den Staatsmännern gefordert, dass sie eindeutig klären sollten, wofür der Islam steht.

Unsere deutsche Regierung weiß nicht, was hinter den Mauern der Moscheen geschieht. Das weiß auch der Zentralrat der Muslime nicht.

Regierung und Zentralrat der Muslime wissen nicht, welche Art des Islam die Imame ihre Gläubigen lehren. Vermutlich wissen auch viele Imame nicht, ob der im Islamischen Staat praktizierte Islam der Dschihadisten dem Koran, dem Willen des Propheten und Allahs entspricht.

Viele Imame könnten zur Erkenntnis gekommen sein, dass ihre Lehre des gemäßigten Islam nicht dem Koran und nicht dem Willen des Propheten entsprach. Sie könnten dann den von Saudi-Arabien verbreiteten kämpferischen Islam predigen, wie er im Islamischen Staat gegen Schiiten und andere Ungläubige praktiziert wird. Wären dann die deutschen Muslime noch so friedlich wie in der Vergangenheit?

Man liest, dass junge Muslime von ihren Eltern fordern, einen strenggläubigeren Islam zu leben. Junge Muslime sollen diese Forderung auch in ihrer Schule erhoben haben. Wird das zur Bedrohung?

Es ist nicht bekannt, ob die Imame den von den Salafisten verbreiteten radikalen Islam saudi-arabischer Ausprägung abgelehnt und verurteilt hatten. Es ist auch nicht auszuschließen, dass im Laufe der nächsten Zeit die Imame von Dschihadisten und Salafisten bedroht werden, nur noch die von ihnen für richtig gehaltene Richtung des Islam zu lehren. Wer kann das verhindern?

Wie gefährlich und wie rassistisch ist der fundamentalistische Islam?

Haben wir nicht bereits einen Glaubenskrieg auf deutschem Boden, als in 2014 Salafisten die Jesiden in Celle angegriffen haben? In Hamburg hatten 2014 radikale Muslime die Kurden angegriffen, weil sie einen friedfertigen Islam praktizieren.

Es ist nicht überzeugend, wenn deutsche Politiker und Muslime behaupten, es müsse unterschieden werden, zwischen dem friedlichen Islam und dem politischen Islamismus der Dschihadisten. Es gibt keinen politischen Islam oder Islamismus. Jede Richtung des Islam bezieht sich auf den Koran. Der Koran ist das Grundgerüst der religiösen Lehre des Islam. Der Koran ist Gebetbuch und Handlungsanweisung. Jede Richtung im Islam beruft sich auf den Koran. Das tut auch die Richtung, die manchmal als politischer Islamismus bezeichnet wird. Von den Politikern und der Regierung ist die Rolle des Koran zu hinterfragen. Warum ermöglicht der Koran einen so genannten Islamismus? Warum und wie begründet er das Handeln der Dschihadisten? Warum berechtigt er sie zu ihren grausigen Taten?

George Curtisius

Hat jemals eine religiöse Autorität des Islam einen Beweis erbracht, dass sich die Dschihadisten oder angeblichen politischen Islamisten nicht auf den Koran berufen können?

Wer die vorstehenden Ausführungen für übertrieben hält, sollte folgenden Artikel lesen: Von Martin Gehlen, Kairo, in Zeit-Online vom 11.12.2014 mit Titel „Islamischer Staat", „Der nahe Osten implodiert".

Die christliche Lehre beruht auf dem „Neuen Testament" und der darin gelehrten Nächstenliebe und Feindesliebe. Die Auslegung dieser Schrift wird maßgeblich vom jeweiligen römisch-katholischen Papst bestimmt. Andere christliche Richtungen weichen wenig von der Auslegung dieser Schrift ab. Die christliche Religion kennt keine Ungläubigen. Sie verlangt auch nicht die Tötung oder Bekämpfung von Ungläubigen, auch nicht in Interpretationen.

Im Islam gibt es keine religiöse Autorität, welche die richtige Auslegung des Islam vorgibt und die weitgehend anerkannt ist. Saudi-Arabien benutzt deshalb seine Stellung als Hüter der heiligen Stätten von Mekka und Medina, um einen streng fundamentalistischen Islam in die Welt zu bringen. Dieser Islam ist offenbar gegen alle Ungläubigen gerichtet.

Unsere Laissez-Faire-Regierung lässt es zu, dass Salafisten nach wie vor ihren radikalen Islam in Deutschland verbreiten dürfen. Sie hat nicht den Mut, diese Lehre vom Bundesverfassungsgericht überprüfen zu lassen, ob sie unserem Grundgesetz und unserer Religionsfreiheit entspricht. Ein Hassprediger wurde aus den Niederlanden ausgewiesen. Er durfte dann in Deutschland weiter Hass predigen. Das ist unverständlich.

Informierte Bürger/innen haben kein Vertrauen zu dieser Laissez-Faire-Regierung. Sie halten sie zu Recht für unglaubwürdig. Es ist deshalb kein Wunder und war auch zu erwarten, dass kleine Gruppen von Menschen gegen die Regierung demonstrieren.

48

Einesteils behauptet die Regierung wider besseres Wissens, dass der Islam eine friedliche Religion sei. Andererseits informiert sie über die großen Gefahren, die von aus dem Irak und aus Syrien zurückkehrenden Dschihadisten, Anhängern des Islam, ausgehen können. Glaubwürdig wird die Regierung dadurch nicht.

Es gibt in Deutschland keine religiöse Islam-Autorität, die für alle hier lebenden Muslime verbindlich erklären kann, was der Koran von Muslimen im Zusammenleben mit Angehörigen anderer Religionen verlangt. Deutsche Bürger wollen wissen, wie Muslime ihre Mitbürger als Schiiten sowie die Christen, Juden, Buddhisten, Hindus und Atheisten nach dem Koran behandeln sollen.

Ungeachtet der Sorgen und Befürchtungen in der Bevölkerung handelt die Regierung über die Köpfe der Menschen hinweg. Sie regiert gegen die Menschen. Nur den desinteressierten Bürgern ist es egal, wie viele Ausländer in unserem Land leben. Es ist ihnen egal, dass dadurch weitere Parallelgesellschaften entstehen. Ihnen ist es egal, dass die Kriminalität ansteigt, so lange man sie in Ruhe lässt. Viele Menschen sind an der Politik und an unserem Land uninteressiert. Sie wollen nur an der Spaß-Gesellschaft teilhaben können. Es interessiert sie nicht, dass unser Land mehr und mehr islamisiert wird, weil Muslime mehr Rechte einfordern. Aber nur diese uninteressierten Menschen kann die Regierung mit ihrer Propaganda manipulieren.

# Islamisierung Europas durch die Türkei?

Eine weitere Islamisierung droht uns durch die Türkei.

Die Bestrebungen der Türkei, der EU beizutreten, passen nicht zu der christlich geprägten westeuropäischen und osteuropäischen Kultur in der EU. Es ist verhängnisvoll für die Bürger in der EU und ihre Kultur, dass die EU an einem Beitritt der Türkei interessiert ist.

Die Türkei ist geprägt von ihrer Staatsreligion des Islam, der Unterdrückung anderer Religionen und ihren von der Gleichberechtigung von Frauen abweichenden religiösen und rechtlichen Vorstellungen. Die Türkei hat inzwischen ein staatlich-diktatorisch reguliertes Rechtswesen. Sie passt nicht zu einer abendländischen EU mit christlicher Vergangenheit und Kultur und deren demokratischen Rechtsvorstellungen.

Der frühere Staatspräsident der Türkei, Kemal Atatürk, hatte sein Land säkularisiert. Der jetzige Staatspräsident Erdogan hat als Ministerpräsident dagegen die Säkularisation schrittweise aufgehoben. Er hat aus der Türkei einen tendenziell fundamentalistischen islamischen Staat gemacht, was seine Unterstützung der Kämpfer des Islamischen Staats beweist.

Die Türkei ist kein europäischer Staat mehr sondern gehört kulturell und geographisch zum Nahen Osten.

Der Beitritt der Türkei könnte zu unvorhersehbaren kulturellen und religiösen Konflikten in der so erweiterten EU führen. Die Türkei würde ihren von Saudi-Arabien inspirierten fundamentalistischen Islam in die EU-Länder exportieren, um mehr Einfluss zu gewinnen.

Das kann man am Beispiel der von Saudi-Arabien finanziell unterstützten Salafisten erkennen. Die Salafisten berufen sich auf den Koran, die Handlungsanweisung des Islam. Einige dieser Handlungsanweisungen dürften aber nicht mit unserem Grundgesetz vereinbar sein. Das wurde schon anfangs erwähnt. Weil der Koran den Kampf gegen Ungläubige fordert, dürften hier Rassismus, Diskriminierung und ein Verstoß gegen die Religionsfreiheit vorliegen. Alle Muslime sollen auf diesen fundamentalistischen Islam eingeschworen werden.

Solch eine Konfliktsituation ist den Bürgern nicht zuzumuten.

Auch die Planungen der EU, islamische Länder wie Bosnien, den Kosovo und später auch Albanien in die EU aufzunehmen, liegen nicht im Interesse der Einwohner der EU. Islamische Länder passen nicht zur abendländischen Kultur der EU-Länder. Je mehr kulturfremde Länder in die jetzige EU aufgenommen werden, um so mehr schwindet das Interesse der Bürger an diesem Europa.

Wollte die EU den bisherigen Staatenverbund sogar noch teilweise islamisieren, dann könnte sie auch die nordafrikanischen Länder in die EU aufnehmen. Dann würden noch weniger Bürger ein EU-Europäer sein wollen!

# Vielschichtigkeit des Islam

Wie vielschichtig der Islam ist, zeigen die zwei Kommentare von Günter Walter zu dem Artikel von Stefan Locke in der FAZ.net vom 08.12.2014, mit Titel: „"Pegida-Demonstrationen", „Die neue Wut aus dem Osten".

# Fragen zum Verständnis des Islam

In der FAZ.net vom 08.12.2014, Artikel „"Pegida-Demonstrationen", „Die neue Wut aus dem Osten" von Stefan Locke wurden von dem Leser Günter Walter folgende Kommentare zum Islam veröffentlicht:

Günter Walter, Beitrag 1:

„Besteht eine Gefahr durch Zuwanderer und Asylanten aus dem islamischen Kulturkreis?

Die aus dem islamischen Kulturkreis stammenden Menschen sind zum größten Teil in repressiven, totalitären, patriarchalischen Familien und Clangesellschaften aufgewachsen

51

und sozialisiert. Die patriarchalische Zwangsfamilie ist aber die Keimzelle totalitärer Staaten und sie reproduziert die Charaktere immer wieder, die sich einer repressiven Ordnung, trotz Not und Erniedrigung, unterwerfen und dann selber zu Trägern einer Ideologie der Gewalt und einer repressiven Ordnung werden. Wenn diese Erziehungs- und Sozialisierungsmechanismen zusätzlich noch durch eine Religion legitimiert werden, dann ist eine Bewusstseinsentwicklung, zu einer freiheitlich demokratischen Weltanschauung, den Werten der Aufklärung und der kulturellen Moderne kaum möglich. Diese Familienstruktur war auch der fruchtbare Schoß, aus dem sich der Nationalsozialismus entwickelt hat. IS, Boko Haram, El Kaida, Abu Sayaf usw haben aber damit und mit dem Islam nix zu tun, wie unsere Medien täglich berichten."

Günter Walter, Beitrag 2:

„Es gibt einige Wissenschaftlern und Autoren die den Islam ausgiebig analysiert haben.

Diese Wissenschaftler und Autoren sollten die Medien und die Politik endlich ernst nehmen. Ibn Warraq: Der Islam ist mit Demokratie und Menschenrechten nicht vereinbar. Gopal: Der Islam ist eine totalitäre Weltanschauung. Raddatz, Flaig, Bat Ye'or: Der Islam will die Weltherrschaft. K.A. Schachtschneider: Grenzen der Religionsfreiheit am Beispiel des Islam. H. Krauss: Der Islam als grund- und menschenrechtswidrige Weltanschauung. Sansal: Der Islam ist nicht reformierbar. H. Abdel-Samad : Der islamische Faschismus. Nagel zu Mohammed und die Beiträge von Bassam Tibi. Aus ihrer Analyse geht hervor, daß der orthodoxe Islam einen totalitären grund- und menschenrechtswidrigen Wesenskern hat. Trotz dieser Befundlage verharmlost, unterstützt, fördert und hofiert das ökonomisch-politisch-mediale Herrschaftskartell in Europa unter dem Druck der OIC den orthodoxen Islam und seine Protagonisten. Man möchte sich ja schließlich die Geschäfte, mit den islamischen Ländern, nicht verderben."

OIC steht für „Organisation of Islamic Cooperation".

Ich kann mir die obigen Ausführungen von Günter Walter nicht zu eigen machen und will es auch nicht. Ich verstehe davon zu wenig. Jeder Leser mag sich jedoch seine eigene Meinung dazu bilden.

Es ist für die meisten von uns deutschen Christen schwierig, den Islam zu verstehen, weil wir zu wenig über ihn wissen. Wir wissen nicht, wie gefährlich er für unsere Gesellschaft ist, ob er überhaupt gefährlich ist. Wir wissen, dass es sunnitische und schiitische Muslime und andere Muslime gibt.

Wir verstehen nicht, warum die Sunniten des Islam die Schiiten des Islam töten. Warum schicken Sunniten Selbstmordattentäter in die Pilgerzüge und Moscheen von Schiiten im Irak und in Pakistan? Wir verstehen überhaupt nicht, dass eine Religion, die sich als Weltreligion betrachtet, Selbstmordattentäter beauftragt, andere Menschen zu töten. Unverständlich für uns sind auch die Sprengstoffattentate auf andere Glaubensrichtungen.

Von Christen gehen dagegen keine Sprengstoffanschläge und keine Selbstmordattentate auf andere Glaubensrichtungen aus.

Warum können sunnitische Muslime in der Welt nicht in Frieden mit anderen Richtungen des Islam leben? **Das sollte der Zentralrat der Muslime in Deutschland den Bürger/innen aller Religionen erklären!**

In der deutschen Bevölkerung herrscht deshalb der Glaube, dass der Koran als göttliche Offenbarung und Handlungsanweisung für Muslime nur einen Gott der Gewalt kennt. Die deutschen Nicht-Muslime glauben, dass dieser Gott Allah die Bekämpfung und wohl auch das Töten von Ungläubigen verlangt. Jeder Deutsche kann lesen oder im TV erfahren, dass Muslime im Islamischen Staat Ungläubige, also Christen, Jesiden und Schiiten töten, wenn sie nicht zum Islam konvertieren. Man erfährt, dass in Afrika die islamische Gemeinschaft Boko Haram Ungläubige tötet, dass die islamischen al-Shahab-Milizen in Somalia und Kenia Christen töten.

Wenn im Koran steht, dass Muslime die Ungläubigen bekämpfen oder gar töten dürfen, ist das purer Rassismus. Es verstößt wohl gegen unser Grundgesetz.

# Forderung an die Regierung und an islamische Religionsgelehrte

Die deutschen Bürger haben vermisst, dass die Muslime bisher weder einmal noch mehrmals öffentlich auf den Straßen der Republik gegen das Töten von Ungläubigen im Islamischen Staat demonstriert haben.

Die deutsche Bevölkerung hat daher ein Recht darauf zu erfahren, welche Art von Islam in Moscheen auf deutschem Boden gelehrt und gepredigt wird.

**Unsere Regierung ist aufgefordert, Klarheit für alle Bürger/innen zu schaffen.** Sie sollte zusammen mit dem Zentralrat der Muslime alle sunnitischen Imame aller Moscheen in Deutschland zu einem Kongress in Frankfurt oder Berlin einladen. Auf diesem Kongress sollten sie drei Tage lang unter öffentlicher Beobachtung von Islam-Gegnern und Islam-Befürwortern darlegen, was der sunnitische Islam gemäß Koran im Verhältnis zum schiitischen Islam und zu anderen Religionen aussagt.

Die Imame sollten darlegen, was der sunnitische Koran als Handlungsanweisung für sunnitische Muslime in ihrem Verhältnis zu Schiiten, zu Christen und zu Anhängern anderer Religionen verlangt. Ob der Islam andere Religionen als gleichwertig ansieht, ob er deren Anhänger als gleichwertig respektiert. Oder ob der Islam eine allen anderen Religionen überlegene Religion ist. Ob der sunnitische Muslim die Schiiten und Christen sowie andere „Ungläubige" als minderwertig zu betrachten hat. Ob er diese Ungläubigen zu bekämpfen hat.

Am Ende dieser dreitägigen Konferenz sollte es drei Abstimmungen unter den Imamen geben. Eine erste Abstimmung sollte darüber erfolgen, wer von den Imamen lehrt und predigt, dass andere Religionen dem Islam gleichwertig sind und deren Religionsangehörige mit Respekt zu behandeln sind.

Eine zweite Abstimmung sollte zeigen, wie viele sunnitische Imame ihren Islam für höherwertig und für überlegen halten im Vergleich mit allen anderen Islam-Richtungen und anderen Religionen.

In einer dritten Abstimmung sollten sich jene Imame zu ihrer Lehre und Predigt von Kampf und auch von Gewalt gegen Christen, Schiiten und Anhänger anderer Religionen bekennen. Sie sollten bekennen, dass sie glauben, dass Allah den Kampf von Muslimen gegen Christen, Schiiten und andere Menschen verlangt, die nicht zum Islam konvertieren wollen.

Die gleiche dreitägige Konferenz müsste auch mit Imamen des schiitischen Islam unter Beteiligung von Islam-Wissenschaftlern als Befürwortern und Gegnern stattfinden. Auch sie sollten in gleicher Weise in Abstimmungen bekennen, wo sie mit ihrer Lehre und ihren Predigten stehen.


Nicht-muslimische Bürger wollen die deutschen Muslime nicht ausgrenzen. Sie wollen jedoch, dass die hier lebenden sunnitischen Muslime mit Anhängern anderer Richtungen des Islam und Anhängern anderer Religionen friedlich zusammenleben. Sie wollen, dass von den Sunniten die Schiiten, Alawiten, Aleviten, Jesiden, Christen und Juden als gleichberechtigte Religionen anerkannt werden. Sie wollen keinen Glaubenskrieg in Deutschland. Ist das von den hier lebenden sunnitischen Muslimen zuviel verlangt?

George Curtisius

**Anmerkung:**

Es sollte nicht verkannt werden, dass die Muslime in Deutschland und insgesamt in Europa in einer schwierigen Situation sind. Sie unterliegen zwei gegensätzlichen Einflusssphären. Die Töchter und Söhne der eher sittenstrengen Muslime kommen schon auf der Schule in Verführung zur Freizügigkeit und Sittenlosigkeit der westlichen Welt. Auf der anderen Seite verlangen die fundamentalistischen Strömungen des Islam von den Muslimen eher eine strengere Bewahrung von Sittlichkeit und Moral.

Dieser Zwiespalt ist nicht einfach zu bewältigen.

# Epilog

Ist das Unheil dieser Welt die Kaste der Politiker? Tatsache ist wohl, dass die Politiker mit ihrem Neoliberalismus mehr Reiche schaffen und die Armee der Armen vergrößern. Mit ihren schablonenhaften Denkschemata bereiten die Politiker oft genug den Boden für Konflikte vor.

Wo sie Frieden schaffen könnten oder müssten oder dazu beitragen könnten, tun sie es oft genug nicht. Da stehen ihnen Denkblockaden im Wege, wie mit der territorialen Integrität. Es wird nicht gefragt, was der Wille der Menschen ist und wie sie leben wollen. Referenden werden beiseite gefegt, wenn sie den Politikern nicht passen. Dann werden Referenden als illegal bezeichnet. So werden Politiker zu Konflikt-Verursachern oder zumindest zu Friedensverhinderern.

Es genügt nicht, einen Koalitionsvertrag schematisch abzuarbeiten, in dem der Wille des Volkes keine Rolle spielt. Auch die Opposition spielt eine erbärmliche Rolle, wenn sie nur um der Opposition willen, gegen Maßnahmen der Regierung ist.

Eigentlich brauchen wir solche Politiker nicht. Die den Willen der Bürger missachtende Arroganz der Politiker verursacht eine große Politikverdrossenheit. Die Politiker vergessen, dass sie mit ihren Wählerstimmen nur einen kleinen Teil der Bevölkerung vertreten. Es ist auch fraglich, ob die Bürger eine große Koalition gewollt haben. Sie hatten nur keine Alternative.

Ich bevorzuge als Politik-System eine Regierung von Technokraten, wie ich sie als Vision eines modernen Sozialismus in meinem Buch „Diktatur des Kapitals – Vision eines modernen Sozialismus" beschrieben habe.

Politik ist ein schmutziges Geschäft, wenn aus Konkurrenzneid die etablierten Parteien neu gegründete Parteien diffamieren und verleumden. Sie vergiften damit das soziale Klima und säen Unfrieden. Wer kann da noch diesen unethischen

George Curtisius

Politikern Achtung und Respekt entgegenbringen? Diese „kriegerischen" Politiker können mit ihrer Denkweise wohl kaum Frieden in ein Volk tragen.

Die Politiker alle Parteien seien deshalb aufgerufen, sich zukünftig ethisch einwandfrei zu verhalten. Sie seien aufgerufen, den Willen der Bürger zu beachten und nicht über ihren Kopf hinweg zu entscheiden. Sie sollten ohne Denkblockaden für den Frieden in Europa und bei unseren Nachbarn eintreten.

Politiker arbeiten hart, so sagen sie. Aber arbeiten sie nicht primär für ihre eigene Parteikarriere, für die Interessen ihrer Parteimitglieder, für ihre Wiederwahl? Also nicht zuerst für das Wohl der Bürger/innen? Lassen sie sich nicht auch von Lobbyisten der Wirtschaft bei ihren Entscheidungen beeinflussen, zum Nachteil der Bürger/innen? Sind sie nicht pure Egoisten, zuerst auf ihr eigenes Wohl bedacht, statt Diener des Volks?

Warum kann in Deutschland z.B. das Ampel-System zur optisch schnellen Bewertung der Gesundheit von Lebensmitteln nicht eingeführt werden? Schützt unsere Regierung die Unternehmen, die gesundheitsgefährdende Lebensmittel (rote Ampel) herstellen? In England hat sich das Ampel-System doch sehr bewährt!

Liegt es an der mangelhaften Aufklärung und Gesundheitsvorsorge durch deutsche Politiker, dass es in Deutschland mehr übergewichtige Personen gibt als in anderen EU-Ländern?

Es ließe sich noch viel mehr an den Politikern kritisieren. Aber das überlasse ich anderen Autoren.

## Noch einige Gedanken zur Einwanderungspolitik

Flüchtlinge zahlen zwischen 3.000 und 5.000 Euro an Schleuserbanden, damit sie mit einem Schlauchboot von Afrika nach Italien oder Griechenland gebracht werden, mit der Gefahr des Untergangs. Warum wählen sie nicht das Flugzeug zur Reise nach Deutschland, das wesentlich kostengünstiger und sicherer ist? Falls sie nicht von ihrem Heimatland abfliegen können, könnten sie einen Flughafen im Nachbarland nutzen.

Könnte es sein, dass die Chancen von Wirtschaftsflüchtlingen für ein Bleiberecht in Deutschland besser sind, wenn sie den gefährlichen Seeweg für ihre Reise wählen?

Offenbar sind die Bundesregierung und die Wirtschaft überzeugt, dass wir möglichst viele Einwanderer, auch Wirtschaftsflüchtlinge, als Konsumenten benötigen, Es soll auch verhindert werden, dass Flüchtlinge auf dem Mittelmeer ertrinken.

Warum schickt man dann zum Beispiel nicht ausgemusterte Kreuzfahrtschiffe zu afrikanischen Häfen am Mittelmeer. Diese Kreuzfahrtschiffe könnten für 3.000 Euro pro Person (Kinder unter 14 Jahren sind frei) die Flüchtlinge nach Hamburg bringen. Bereits auf dem Schiff könnte die Registrierung der Flüchtlinge erfolgen. Auf dem Schiff könnte schon der Asylantrag gestellt werden.

Von Hamburg würden die Flüchtlinge auf die einzelnen Bundesländer verteilt werden. Die Bundesländer werden schon bei Abfahrt des Schiffs informiert, für wie viele Menschen sie Unterkünfte bereitstellen müssen.

Die Bundesregierung könnte über die Deutsche Welle und BBC die Welt über die Fahrpläne der Kreuzfahrtschiffe informieren. Flüchtlinge in aller Welt wüssten dann, wann die deutschen Kreuzfahrtschiffe an den ausgewählten afrikanischen Häfen am Mittelmeer Flüchtlinge aufnehmen. Es würden dann keine Flüchtlinge mehr im Mittelmeer ertrinken.

Solch eine professionelle Vorgehensweise würde die Wirtschaft und alle Flüchtlingsorganisationen voll zufrieden stellen. Ob auch die deutsche Bevölkerung damit glücklich wäre?

# Bücher von George Curtisius

2013 erschien von George Curtisius seine Buch-Trilogie:
**„Das FBI gegen die Macht des Gebets",**
als Printausgabe bei Amazon sowie als Kindle-Edition, digital auch bei epub-Händlern.

Die Buch-Trilogie ist ein christlicher Thriller. Mit der Macht des Gebets und der Macht der Vergebung können Menschen glücklicher und erfolgreicher werden. Das Buch ist zugleich eine Kritik an der Politik und der Gesellschaft der USA, Kritik am Kapitalismus, aber auch etwas Satire.

Dezember 2014 veröffentlichte George Curtisius bei Book on Demand sein Buch:
**„Diktatur des Kapitals – Vision eines modernen Sozialismus".**
Das Buch ist bei allen Buchhändlern zu kaufen, auch bei Amazon.

Das kleine Buch mit 92 Seiten besteht aus drei Teilen. Zuerst wird die Diktatur des Kapitals beschrieben und wie sie sich auswirkt. Unsere Regierungsform ist eine Schein-Demokratie. Moral und Sitten sind verkommen.
Teil 2 beschreibt das Scheitern der DDR mit ihrem Sozialismus und die Gründe dafür.

Teil 3 entwickelt die Vision eines Sozialismus ausgehend von alten Vorstellungen hin zu einem modernen Sozialismus mit Freiheit, Frieden, Gerechtigkeit und weitgehender Gleichheit der Lebensverhältnisse für alle Bürger, Arbeitsplatzgarantie und sozialer und persönlicher Sicherheit. Alle Bürger leben in einem bescheidenen Wohlstand. Es gibt keine Armut.